ギリシア
1:3,920,000
0
50
100km
( )内は近代以前の地名
北マケドニア
アルバニア
マケドニア
アクシオス川
(ヴァルダル川)
ペラ
テッサロニキ
(セラニキ,セ
オリントス
テルマイコス湾
ポティデア
(ポティダイア)
カストリア
ヴェリア
ヴェルギナ
アリアクモナス川
オリュンポス山
メテオラ
テッサリア
ケルキラ島
(コルキュラ島)
イオアンニナ
(ヨハニナ)
イピロス
(エペイロス)
ラリサ
(ラリッサ)
ヴォロス
テルモ
(テルモン)
ラミア
アヘロオス川
デルフィ
(デルフォイ)
オルホメノス
(オルコメノス)
ヘロニア
ナフパクトス
(ナウパクトス,レパント,イネバフト)
メソロンギ
イタキ島
ヴィオティア
(ボイオティア)
ティヴァ
(テーベ
パトラ
(パトライ,パトラス)
コリントス湾
ケファロニア島
(ケファレニア島)
カラヴリタ
アカイア
メガラ
エリス
コリントス(ギョルデス)
ネメア
サリア島
カルパトス島
カソス島
ザキントス島
(ザキュントス島)
アルフィオス川
(アルフェイオス川)
オリンピア
(オリュンピア)
マンディニア
(マンティネイア)
アルゴス
ミキネスタ(ミケーネ)
ティリンス
ナフプリオ
(ナポリ,アナボル)
エピダウロス
テゲア
ヴァッセス
(バッサイ)
ペロポニソス
(ペロポネソス,モレ,モレア)
ストロファデス島
スペツェス
メッシニ
スパルティ
(スパルタ)
ミストラ
(ミシストレ)
ナヴァリノ湾
ピロス
(ピュロス)
モネンヴァシ
(モネンバシ
キティラ島
(キシラ島)
アンディキティラ島
ハニア
ディア島
イラクリオ
クノッソス
マリア
クレティ島
(クレタ島,ギリット)
ゴルティス
フェストス
地中海
20°
22°
24°
26°
27°
36°
38°
40°

YAMAKAWA SELECTION

ギリシア史 上

桜井万里子 編

山川出版社

［カバー写真］
パルテノン神殿
（アテネ）

『山川セレクション　ギリシア史』への「まえがき」

本書は二〇〇五年三月に出版された『新版世界各国史第十七　ギリシア史』のハンディ版『山川セレクション　ギリシア史』である。各国史版は、アテネにおける第二八回オリンピック大会開催時の興奮が残響するなかでの公刊であった。あれから二〇年、世界情勢の変化も著しい。だが、「ギリシア史」の現在に関しては、各国史版「序章　ギリシア通史は可能か——連続性の検証」が、迷いと熟考のなかでおこなわれた検証だっただけに、いまだ有効である。最近では、古代ギリシアを古代西アジアとの連関のなかで捉える傾向が顕著だが、この傾向は、各国史版における古代ギリシアの位置づけにおいてすでに明確である。そこで、このハンディ版では、二〇年前の各国史版の「まえがき」を以下にほぼそのまま掲載することにした。

二〇二四年四月

桜井　万里子

まえがき

二〇〇四年八月、第二八回オリンピック大会は一八九六年の第一回大会から一〇八年ぶりにギリシアで開催された。その開会式は意表を突いた印象深いものだった。ギリシアの古代から現代にいたるまでの歴史のパノラマがメインスタディアム一杯に繰り広げられたのである。まずは、現存する壁画、陶器画、彫刻などでこれまで親しんできた古代ギリシアの図像そのままの扮装をした人物たちが、行列を成して登場した。ヨーロッパ文化の源流のひとつとして「古典古代」とも呼ばれた古代以来、今日にいたるまでのギリシアの歴史性が、オリンピックの現前性と対置され、壮大な歴史絵巻として観客を楽しませた。先史時代から現代にいたるまでの歴史をこのように堂々と華麗に全世界の前に展覧できる国が、他にあるだろうか。同じ感慨、感動を多くの人が抱いたに違いない。

古代アテネ最大の祭りであったパンアテナイア祭のメインイヴェントは、中心市アテネの北西端に位置するデュピュロン門からアクロポリスの頂まで練り歩く行列であったが、オリンピック開会式はその行列を偲ばせる華やかさであった。開会式の行列は、ビザンツ時代から近代へと歴史をたどって進んでいく。しかし、古代の描き方に比べるとビザンツ以降については、音楽、舞踊、民族衣装は別として、少々厚みがたりないという印象を禁じることができなかった。古代ギリシア世界がローマ帝国の一部になってから現在のギリシアにいたるまでに、二〇〇〇年以上の長い時間が経過している。それにもかかわらず、歴史行列にみられる古代の比重の大きいこと、そこにこそ現在のギリシアと古代ギリシアとのあいだの複雑な関係が端的に現れているといってよいだろう。古代ギリシアの研究をするために、欧米諸国に留学するギリシア人の若者が多いことも、その関係を物語っている。

日本でも古代ギリシアの研究は、哲学、語学、文学、歴史学を中心に戦前に始まり、とくに戦後は日本西洋古典学会も設立され、研究は高度化してきている。それに比べビザンツ時代以降の研究が本格的に進められるようになったのは、それほど遠い過去のことではない。だが最近では研究状況にも大きな変化がみられる。積極的にギリシアにでかけ、そのなかに身をおいて熱心に研究を進める人たちが、近現代史の分野でも多くなってきた。本書成立もそのような状況の変化があってこそ可能となった。これをきっかけに、ギリシアにたいする日本側の理解が一層深められるように、と願っている。

ギリシアの歴史を先史時代から通史として叙述する試みは、管見のかぎり決して多くはない。本国ギリシアでは十九世紀後半に刊行されたパパリゴプロスの『ギリシア民族の歴史』(第六章参照)と、一九七〇年から八年かけて刊行されたクリストプロスらの編集による同じ書名の通史があり、イギリスからはR・ブラウニング編『ギリシア世界』がでている。後者は貴重な図版が多数含まれた興味つきない一書であるものの、通史としては少々バランスを欠いているといわざるをえない。全体が三三〇頁近いにもかかわらず、ビザンツ時代以降については、その三分の一があてられているにすぎないからである。このような現今において、比類ないギリシアの歴史を本書のようなハンディな一書にまとめる機会をえたことを、執筆者一同大変うれしく思っている。

日本とギリシアとの関係は、イエズス会宣教師によってもたらされたイソップ物語に始まるといってよいだろう。一五九三年にはローマ字版(天草本『伊曾保物語』)が刊行され、江戸時代には仮名草子などのかたちで広く庶民にも読まれた。しかし、前六世紀ギリシアのサモス島で奴隷として生きたアイソポスによるこの物語を読んだ江戸時代の人々が、具体的にギリシアの存在を意識していたかといえば、はなはだ疑問である。一方、十九世紀に近代国家として成立した日本とギリシア共和国とのあいだには、一八九九年に修好条約が締結された。以来すでに一〇〇年以上が経過し、ギリシア人の対日感情も良好である。第一次世界大戦直後に、港湾都市スミルナでギリシア人住民多数がトルコ軍により虐殺され、残ったギリシア人が港に追いつめられたとき、積荷をすてて彼ら難民を船上に収容したのは日本船であった。日本で意外に知られていないこの事実に光をあてたのは、第六章執筆者の村田奈々子である(『文藝春秋』二〇〇四年十一月号参照)。本書の刊行もギリシアにたいする私たち日本人の思いの現れとして位置づけられることになれば、これ以上の喜びはない。

現代ギリシア語は古代ギリシア語から発展したもので、文字もほとんど変わっていないが、発音についてては相違がはなはだしい。したがって、人名、地名の発音は古代と近現代とではおおいに異なるし、まったく地名が変わった場合もあれば、オスマンの時代にトルコ風の地名に変更された場合もある。このような事情から、通史の叙述では人名、地名の表記をどうするかが大きな問題であった。本書では、ビザンツ時代まで古典ギリシア語の表記法に従い、オスマン以降を近代ギリシア語の発音で表記することにした。ビザンツ時代までにはすでにギリシア語の発音は、古典語のそれとは大きく異なっていたらしいが、わが国のビザンツ研究者たちの多くが慣例として採用している表記法に本書も従った。詳しくは凡例をごらんいただきたい。

なお、年表、索引の作成は、学術振興会特別研究員である佐藤昇氏(古代ギリシア史専攻)に担当していただいた。お礼申し上げたい。

二〇〇五年二月

桜　井　万里子

目次

下巻目次

■凡例

1　古典ギリシア語の母音の長短は原則として区別しない。ただし、地名、人名については慣例に従った場合もある。なお *Φ* をカタカナで表記するにあたっては f の音で表記する。近現代ギリシア語の場合は、*γε* の転写 ye は「ィエ」ではなく「ゲ」、*γι* の転写 yi は「ィイ」ではなく「ギ」と表記する。

2　ギリシア語をラテン文字に転写する際の原則については、古典ギリシア語、近代ギリシア語(MGSA 方式を採用)それぞれについて表A、Bを参照のこと。

3　近代ギリシアでは1923年2月16日までユリウス暦が使われていたが、本書における年代は、年表を含め、原則としてグレゴリウス暦を基礎にした。

表A　古典ギリシア語の転写方式

ギリシア文字	ラテン文字
Α, *α*	A, a
Β, *β*	B, b
Γ, *γ*	G, g
Δ, *δ*	D, d
Ε, *ε*	E, e
Ζ, *ζ*	Z, z
Η, *η*	Ē, ē
Θ, *θ*	Th, th
Ι, *ι*	I, i
Κ, *κ*	K, k
Λ, *λ*	L, l
Μ, *μ*	M, m
Ν, *ν*	N, n
Ξ, *ξ*	X, x
Ο, *ο*	O, o
Π, *π*	P, p
Ρ, *ρ*	R, r
Σ, *σ*, *ς*	S, s
Τ, *τ*	T, t
Υ, *υ*	Y, y
Φ, *ϕ*	Ph, ph
Χ, *χ*	Ch, ch
Ψ, *ψ*	Ps, ps
Ω, *ω*	Ō, ō
Ου, *ου*	Ou, ou

表B　近現代ギリシア語の転写方式

ギリシア文字	ラテン文字
Α, *α*	A, a
Β, *β*	V, v
Γ, *γ*	G, g, i, e の前は Y, y
Δ, *δ*	D, d
Ε, *ε*	E, e
Ζ, *ζ*	Z, z
Η, *η*	I, i
Θ, *θ*	Th, th
Ι, *ι*	I, i
Κ, *κ*	K, k
Λ, *λ*	L, l
Μ, *μ*	M, m
Ν, *ν*	N, n
Ξ, *ξ*	Ks, ks
Ο, *ο*	O, o
Π, *π*	P, p
Ρ, *ρ*	R, r
Σ, *σ*, *ς*	S, s
Τ, *τ*	T, t
Υ, *υ*	I, i
Φ, *φ*	F, f
Χ, *χ*	H, h(s の後は ch, kh)
Ψ, *ψ*	Ps, ps
Ω, *ω*	O, o
Ει, *ει*	I, i(動詞の最後では ei)
Οι, *οι*	I, i
Αι, *αι*	E, e(動詞の最後では ai)
Ου, *ου*	U, u
Αυ, *αυ*	Af, af(無声子音が続く)/Av, av
Ευ, *ευ*	Ef, ef(無声子音が続く)/Ev, ev
Γγ, *γγ*	Ng, ng(語頭では G, g)
Γκ, *γκ*	Ng, ng(語頭では G, g)
Μπ, *μπ*	Mp, mp(語頭では B, b)
Ντ, *ντ*	Nd, nd(語頭では D, d)
Τζ, *τζ*	Tz, tz
Τσ, *τσ*	Ts, ts

山川セレクション

ギリシア史 上

序　章　ギリシア通史は可能か——連続性の検証

現在のギリシア、古代のギリシア

本書は、ギリシア共和国の歴史を、先史時代にまでさかのぼって通史として叙述する。ギリシア共和国のギリシアにおける正式名称はエリニキ・デモクラティアである。日本語のギリシアという名称は、英語のグリース、フランス語のグレス、ドイツ語のグリヒェンラントと同様に、ラテン語のグラエキアに由来する。古代ローマ人がイタリアに移住してきたギリシア人のなかで最初に出会ったのが、ギリシア本土北西部出身のグライオイという人々であったことから、ギリシア人全体をグラエキと呼ぶようになったためであるらしい。ちなみに、古代ギリシア人は自分たちをヘレネス、自分たちが住む土地をヘラスと呼んでいた。そこから、現在のギリシア人は自分たちの国をエラスあるいはエラダと呼ぶ。

首都アテネをおとずれると、町のほぼ中央に位置する小高い丘アクロポリスの頂に、パルテノン神殿の優美な姿をあおぎ見ることができる。世界各国から観光のためにおとずれる人々が讃嘆の声を投げかけるこの神殿は、いうまでもなく前五世紀後半に建立されたものである。そのパルテノン神殿も、その北側のエレクテイオン神殿も、建造以来二四〇〇年余をへた現在、アテネの大気汚染のために建材の大理石が相当に劣化してきている。このため、柱や装飾彫刻などの一部はすでに新アクロポリス博物館内に収容され、他の部分も保存のための工事が進められている。アテネの中心市街には、アクロポリスばかりでなく、古典期のアゴラ、ローマ時代のアゴラ、ゼウス・オリュンピオスの神殿等々、遺跡が散在している。二〇〇四年夏の第二八回オリンピック大会を開催するための準備作業と連動して、これらの遺跡の修復および出土した遺物を保管する博物館の整備という事業も大規模に進められたが、それは古代の重い遺産を継承したギリシアの特殊事情があったからこそであった。ギリシアには毎年多数の観光客が押し寄せる。観光コースのなかには各地の古代遺跡の見学も必ず含まれているし、なかには古代遺跡訪問のみを目的とする人たちもいる。ここに本書を企画する際にまず直面した問題が端的にあらわれている。

なぜならば、「各国史」シリーズの趣旨に従ってギリシアの先史時代からの通史を叙述することについて、はたしてそのようなことが可能か、という疑問の声が第一印象として発せられることが少なくなかったからである。ギリシア共和国の領域に相当する地域には、旧石器時代以来人が居住していたのであるが、とくに前五〜前四世紀に最高度に達した古典期の文化は人類共通の財産となって、今もその影響力は大きい。そこから古代ギリシアの存在が人類の歴史におけるひとつの文化現象としてとらえられ、ローマの属州となってから以後のギリシアとは切り離して考える傾向がかつて存在していた。それはフィンレイがローマ征服以降のギリシア史を叙述した著書が刊行後イギリスで広く読まれ、ドイツ語にも翻訳されたことから明らかである。この傾向は現在でもないとはいえない。それは略述すればつぎのような経緯による。

西欧におけるギリシア幻想

西欧では、ルネサンス時代に古代ギリシア文化にたいする関心が高まったものの、とくにそれが古典文化として希求すべき対象というところまで関心が高まったのは、十八世紀後半以降のことである。ドイツのヴィンケルマン以来の、古代ギリシア美術に現われた美の原則を現代に再現しようとする、新古典主義と呼ばれる芸術運動は、建築や彫刻などの造形美術をこえて文学や歴史にまでおよび、ついには一八二一年からのギリシア独立戦争に結びつく。ただし、ヴィンケルマンはギリシアに足を踏み入れたことはなく、イタリアまで到達してそこからギリシアを偲んだにすぎず、彼の影響を受けたゲーテも同様であった。ヴィクトリア時代のイギリスではとくに古典期アテネへの共感から古代ギリシア研究は盛んになり、知識人の教養とみなされるまでになった。このように十九世紀西欧において、同時代のギリシアとは無関係に古典ギリシア文化への憧憬が高まったのである。

ビザンツ時代以降のギリシアを古代ギリシアと切り離して考える傾向は、今みたように西欧からギリシアに向けられた視線によってもたらされた。一方、ギリシアの内部に目を向けても、ギリシア共和国の国民の九七%を構成している東方正教徒たちにとって、キリスト教成立以前の古代ギリシア人は多神教を信仰していたのであるから異教徒だ、ということになる。事実、十九世紀にはいって独立運動が始まる以前には、多くの人々はキリスト教に無縁の古代ギリシア人を、自分たちとはまったく異質の存在とみなしていたという事情があった。さらにさかのぼってビザンツ時代の人々は自分たちをローマ人と呼び、ギリシア人とは呼ばなかった。この自称ローマ人と古代ギリシア人との関係はどのようにみなすべきなのか。

このようにギリシアの歴史にかんする評価に複雑な歴史的経緯があるからには、現在のギリシアと独立戦争以前のギリシアとを、あるいは、ビザンツ時代のギリシア人と古代ギリシア人とを、連続的にとらえて通史を書くことは適切なのだろうか、という疑問も当然生じてくる。実際、これまで本書に類するギリシア通史は内外ともにきわめて少ない。このような問題の存在を認識しながら、先史時代からの通史としてのギリシア史を構築するとすれば、どのような姿勢でこれにあたるべきであろうか。

ギリシア人とは誰か

古代から現在にいたるまで一貫して変わらないのは、ギリシア語の使用である。もちろん時代とともにギリシア語も変化してきた。源氏物語の日本語といま流行の漫画の吹出しに書かれた日本語は大きく異なるが、それでもどちらも日本語であることについて私たちは疑問をいだかない。同様に、古代ギリシア語と現代ギリシア語も相違は大きいが、しかし、二五〇〇年の間隙《かんげき》を考えるならば、その相違はそれほど大きくないというべきかもしれない。本書では、ギリシア語を話す人々ととらえ、ギリシア共和国の領域内におけるギリシア人の歴史を叙述することを、テーマとしたい。

その前に、最近、古代ギリシア史研究者のあいだで取り上げられているギリシア人の自己意識、あるいは自己認識についてふれておきたい。ことは歴史認識の問題にかかわるからである。「歴史の父」と呼びならわされているヘロドトスは、ペルシア戦争の歴史を著わした。彼によれば、前四八〇年のサラミスの海戦でギリシア連合水軍がペルシアに勝利したのちに、もっとも戦勝に功績のあったポリスであるアテネが単独でペルシアと和平を結ぶのではないかと危惧するスパルタにたいして、つぎのようなことばをアテネ側が述べたという。

(単独講和を結ばない理由として)われわれがともにギリシア人《ヘレニコン》だということもある、つまり、血を同じくし、言語も同じで、神々の社も生贄奉献の儀礼も共通であり、生活習慣も同じなのだ。

(『歴史』第八巻第一四四章)

ここに、自分たちはともにギリシア人(ヘレネス)であるという自己認識と、ギリシア人であることの要件として言語や出自、宗教上の慣行が共通であるということがあげられている。しかし、このような、自分たちは出自を同じくするギリシア人であるという意識がいつ形成されたのかということについて、最近ではそれがようやく前六世紀になってからであり、前五世紀にいたるとペルシア戦争の影響で、ヘレネスという言葉にはバルバロイ(意味不明の言語を話す人々、つまり当時はペルシア人)に対置して、出自よりもさらに広い文化的な共通性の意味がこめられるようになった、という研究が出されている。ヘレネスとしての一体感よりも、下部集団であるドーリス人、アカイア人、イオニア人としての自己認識のほうがより早く、前八世紀末以前にすでにあらわれているというのである。このような研究の背後には一九九〇年代に激しさを増した民族紛争との関係のなかで民族意識の形成や本質を探る、という問題意識もあるのであろう。

　ただし、われわれの当面の課題である古代ギリシア人に戻って考えるならば、当時の人々が自分たちをギリシア人として自覚し、一体感をいだいたときにはじめてギリシア人が出現したわけではないことは、確認しておきたい。歴史学が研究対象として措定《そてい》する実体としての古代ギリシア人は、彼らがそう自己を意識する前にすでに存在していたにちがいないからである。では、歴史学の研究対象としての古代ギリシア人とはどのような人々であるのか。まずなによりも、どの方言であるにせよギリシア語を話した人々と規定すべきであろう。なぜならば、ギリシア人の緻密な思考とそれによって紡ぎだされた古代ギリシア文化は、つまり、古代ギリシアを古代ギリシアとした最大の核心は、ギリシア語による営為にほかならないからである。

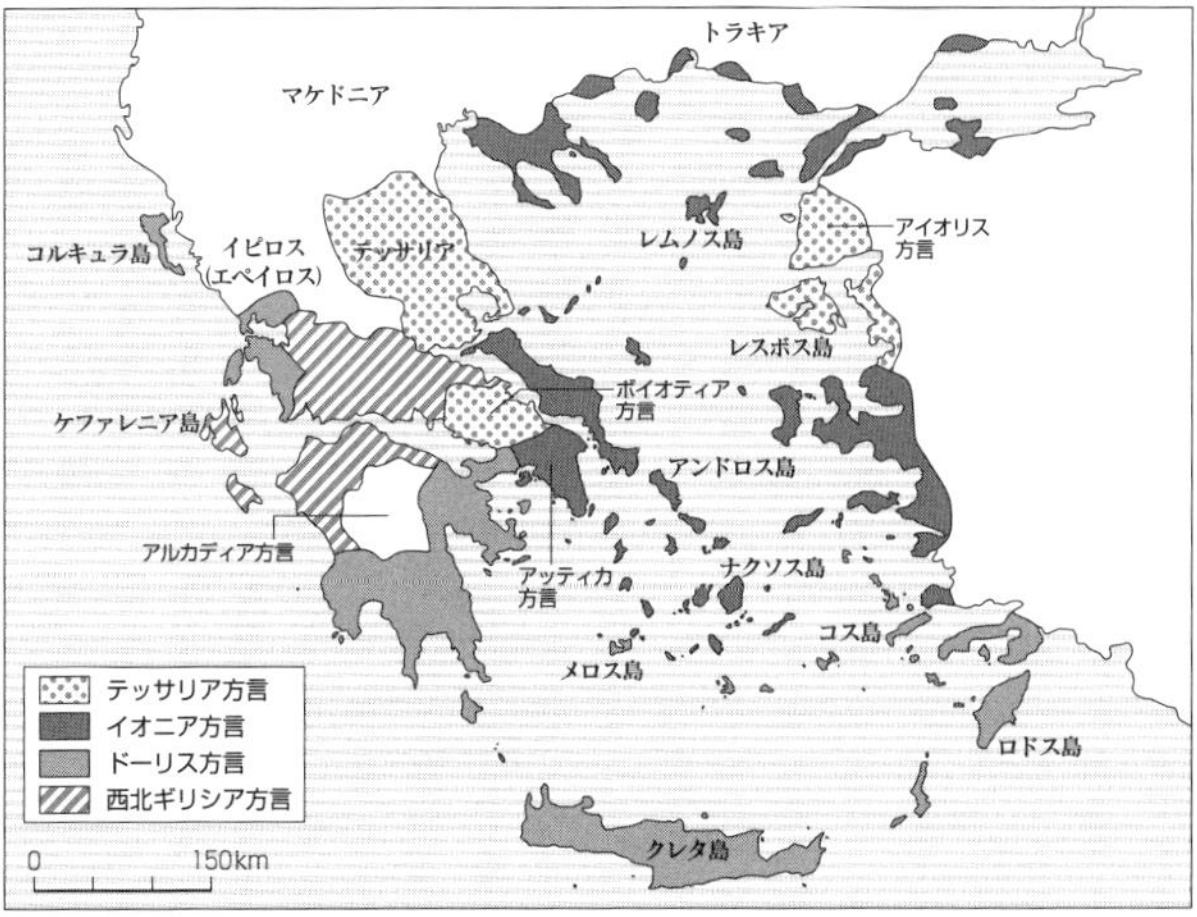

古代ギリシア語方言分布

ギリシア語の使用はミケーネ時代にすでに確認されており、フェニキア文字を借用してギリシア文字が考案された前八世紀なかば過ぎに、短いながらギリシア語の韻文をきざんだ土器も出土している。古代ギリシア文化は、文学、哲学、歴史など多方面で高い完成度で花開いたのだが、それは古代ギリシア語があってこそ可能だった。古代ギリシア語はきわめて厳密な表現を可能にする文法構造をもつ。いいかえれば、高度に緻密な古代ギリシア人の思考は、古代ギリシア語を媒介としたからこそ可能であった。そうであれば、古代ギリシア語を話した人々こそ、古代ギリシア人であるといわなければならない。

古代ギリシア語がインド・ヨーロッパ語族に属する言語であることは、比較言語学の研究が明らかにした。その古代ギリシア語(となる言語)を話す人々(原ギリシア人と呼んでおこう)がバルカン半島南部に移動してきたのは、前二二〇〇年ころであったと推測されている（ただし、最近ではこのような見方を疑問視する声も聞かれるが、研究の現段階ではこれがもっとも整合的で可能な解釈であろうと考える）。そうであれば古代ギリシア人の歴史はそこから書き起こされてしかるべきなのだろうか。いや、そうではあるまい。旧石器時代以来、バルカン半島やエーゲ海周辺には人が定住していたことが発掘によって明らかになっているが、到来した原ギリシア人はこのような先住民と遭遇してその影響を受け、その文化を吸収してしだいにギリシア人となっていったのであり、そうであれば、叙述の対象をギリシア人形成に間接的にかかわった旧石器時代にまでさかのぼらせなければならない。

地理および自然環境

ところで、空間に目を転じるならば、ギリシア人の歴史は、共和国ギリシアの領域と地理的に一致する範囲のなかで展開したわけではない。古代ギリシア人は、植民市（ポリス）を地中海沿岸各地、広くイベリア半島、イタリア半島、シチリア、リビア、黒海沿岸にまで建設し、移住していった。古代ばかりではない。現在もアメリカ合衆国やオーストラリアなどには、大きなギリシア人コミュニティが存在している。さらに、ビザンツ帝国の首都コンスタンティノープルは、現在はトルコの最大都市である。このような点を考慮にいれるならば、本書での叙述範囲を、空間的には現在のギリシア共和国の範囲内を原則としながらも、たとえばキプロス島の場合にみられるように、この範囲をこえて叙述することも、ときには必要となる。

ギリシア共和国はバルカン半島南端部の本土とエーゲ海の沿岸地域と島々とからなり、その国土の全面積は約一三万平方キロ、うち約二〇%を島嶼《とうしょ》部が占めている。ただし、総数二〇〇〇以上の島々のなかで人の定住する島は二〇〇程にすぎない。現在隣接する国々は、アルバニア、ブルガリア、トルコ、北マケドニア共和国で、島々も本土も、湾や入り江、岬などが多く、複雑にいりくんだ海岸線をかたちづくっている。また、国土全体が山がちで、幾重にも縦横に小山脈が走っていて広大な平野にめぐまれず、盆地と狭隘《きょうあい》な平野が多い。山地が国土の七〇%近くを占めているのにたいし、耕地は果樹栽培用を含め三〇%前後である。天然資源はボーキサイトや褐炭が主で、電力は水力発電と火力発電に依拠している。化石燃料の埋蔵資源については、大陸棚にかんするトルコとの紛争のゆえにその開発は簡単ではない。

山々が連なるなかで、ギリシア最高峰のオリュンポス山は二九一七メートルの偉容をあらわしている。本土の西寄りにはピンドス山脈が北から南にはしり、本土を東西に分けているが、山脈はさらに東にまがって一部はキクラデス諸島を、一部はペロポネソス半島をとおってクレタ島へと続いている。ピンドス山脈西側はイオニア海に面し、比較的雨量が多く、森林が発達している。これにたいし、東側と島嶼部はエーゲ海に囲まれた同国の主要部であり、とくに首都アテネを擁するアッティカ地方には、全国民のほぼ半数が居住している。気候は典型的な地中海性気候、高温で乾燥した夏季と比較的

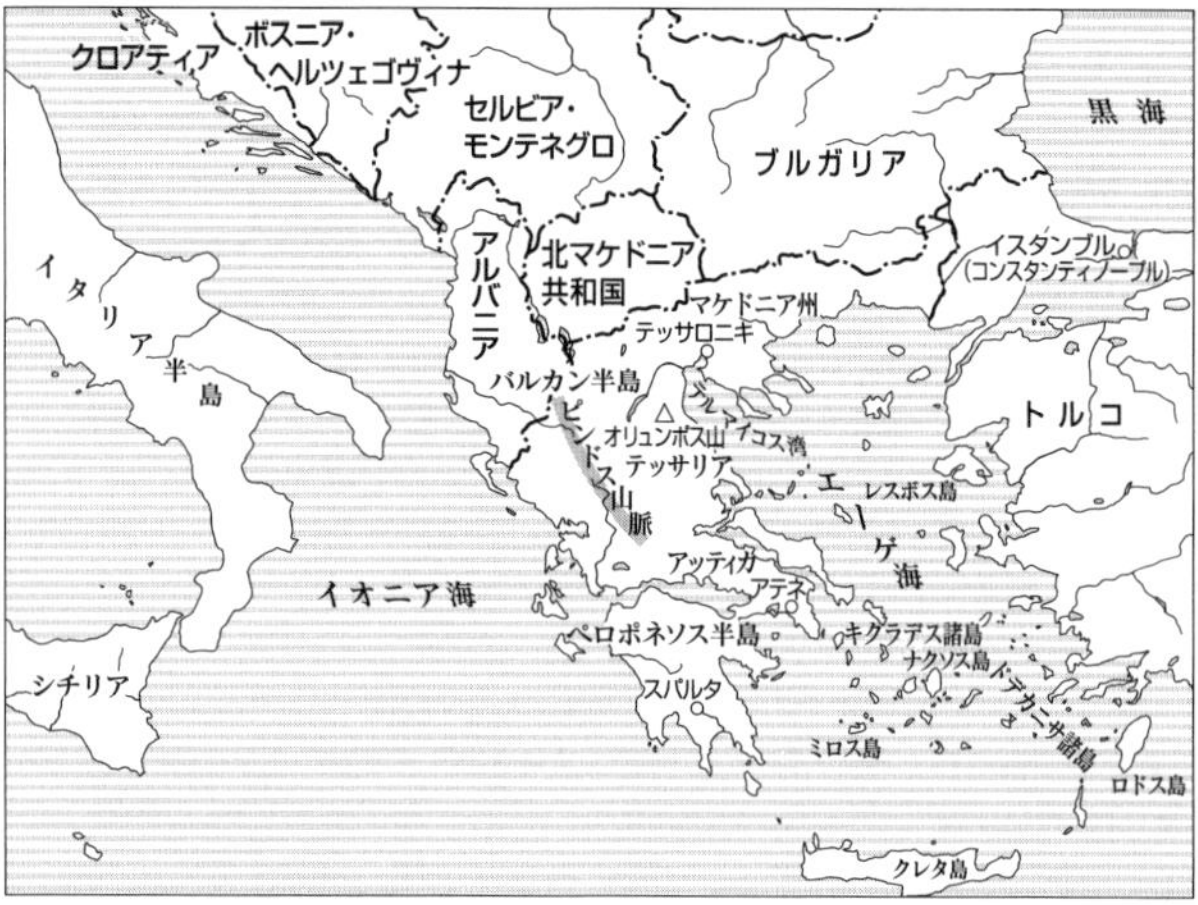

ギリシアの地勢

多雨で低温の冬季との差異がはっきりしている。夏の高温については、アテネの場合六月末から七月上旬にかけて四〇度以上に達することがあるが、乾燥しているので日陰にはいれば涼しく、東京の夏よりもしのぎやすい。冬の始まる十月から十一月はもっとも多雨であり、十一月にはいると気温もかなりさがり、雪がふることもある。北部ギリシアでは、冬季にスキーも楽しめるが、アテネ市内で積雪がみられるのはまれである。

本土東部および南部と島嶼部では石灰岩質の山々が白い地肌を露出させているが、部分的には良質の大理石もみられる。気候と土質からこの地域ではオリーヴとブドウの栽培を中心とする農業や牧畜がおこなわれており、とりわけペロポネソス半島はオリーヴ、ブドウ栽培に最適の気候と肥沃な土地にめぐまれている。クレタ島は、面積八三〇〇平方キロ、地中海で五番目に大きな島である。エーゲ海最南部に浮かぶこの島は、南はアフリカ大陸にもっとも近いギリシアであり、古代からオリエント世界との接触が盛んで、ギリシア世界のなかでもいち早く独自の文化を築いた島である。中部ギリシアのテッサリアや北部ギリシアの平野部は比較的肥沃で、小麦を中心とする穀物やタバコの栽培がおこなわれている。北部のマケドニア州(ノモス)の州都テッサロニキはテルマイコス湾に面した、アテネにつぐギリシア第二の都市であり、古代末期からの地中海東部の歴史において重要な位置を占めてきた。ピンドス山脈西部は湖沼や湿地が多く、イオニア海の島々は、長年にわたり、ギリシアと西ヨーロッパとのあいだの、商業上でもまた文化的にも、緊密な関係を支えてきている。

景観の変化と環境破壊

地肌もあらわな石灰岩質の山々や、アザミをはじめとするトゲの多い草や灌木のはえたフリガナと呼ばれる草地に放牧された山羊などを目にすると、このような景観が人為的にもたらされたのではないかという疑問が生じる。地中海の北の沿岸に位置する点では、イベリア半島、イタリア半島と同じ条件であるが、西部と比べギリシアの景観は相当大きく相違しているからである。また、プラトンは『クリティアス』(一一〇E〜一一一E)において、アッティカの土地がかつては肥沃であったと述べ、九〇〇〇年前のアッティカでは肥沃な土壌の平野が広がり、山には樹木の豊かな森があり、雨水がたちまち海に流れさってしまう彼の時代とは異なり豊かな土壌がこれをたくわえ、泉や川に水を提供していたが、以後に襲ったたび重なる洪水のため、肥沃で柔らかな土壌は流失してしまい、やせ衰えた土地が残ったのだと説明を加えている。この記述に依拠し、また、実際の今日のアテネの景観を理由に、ミケーネ時代には緑豊かであった森林が樹木の伐採や山羊の放牧などの人為的な原因で古典期までには荒廃してしまったという見解が、これまで有力であった。この見解を受け、土地荒廃の原因を、農地開墾のための、また建築、造船、燃料用の木材調達のための森林破壊に帰すことが、具体的な証拠のないままにおこなわれることがあった。

しかし、最近では、古代から十九世紀末にいたるまでギリシアの景観にそれほど大きな変化はなかった、という反論もだされている。ただし、新石器時代以前の原初の景観は今と比べ大きく異なり、たとえば、花粉分析によって北部ヨーロッパにみられるカバノキやセイヨウボダイジュのような樹木もかつては生育していたことが判明している。この自然環境がその後に変化、乾燥化を強めたのは、人為ではなく、ギリシア付近でアフリカ大陸のプレートがヨーロッパ大陸のプレートの下にもぐりこんでいるため、地殻変動による地震が多かったからである。現在もギリシアでは山々が隆起しているという。このことが示すように、地殻変動がギリシアの自然を大きく変化させたらしい。たとえば、クレタ島西部のファラサルナには古代の港があったのだが、現在は海抜五メートルの地である。

実際に現在のギリシアの景観は、古代との比較の対象にはならないらしい。農業の機械化、農村人口の減少、農業にそれほど適していない土地からの撤退(たとえば、テラスすなわち段々畑の放棄)、森林の増加などの変化が十九世紀末から少しずつ始まったからである。それ以前のギリシアは、むしろ現在よりも乾燥した景観を示していたという。人類共通の文化遺産を残してくれた古代ギリシアについては、分厚い研究史がある一方で、ビザンツ時代以降のギリシアについての本格的な研究は国の内外でようやく充実しはじめてきたところである。研究史においてもこのような歴史をギリシアはかかえている。同国の歴史を通観するにあたっては、予見に支配されず、新鮮なまなざしで見つめる必要があるだろう。

ギリシアは二〇一五年から難民の急増と言う問題に直面し、これに対処する必要に迫られてきている(下巻一七二頁参照)。東地中海域の北辺に位置する同国の地理的条件とそれは大いに関係しているが、この条件こそは、古代以来のこの地域の歴史を規定してきたものであり、「ギリシア通史」という本企画の意義をより鮮明に浮かび上がらせる事態であると言えよう。

第一章　ギリシア世界の形成

1　ギリシアの黎明

旧石器時代

碧く輝きわたる海と、そこに点在する淡い銀色の島影。険しく切り立った石灰岩の山稜と、その麓にへばりつくように散らばる小さな平野。あたかも太古から続いてきたようにみえるこのようなギリシアの原風景は、じつは今から一万三〇〇〇年程前から進んだ地球規模での気候の温暖化によって形成されたものである。

それ以前、今から約二万年前を寒冷のピークとする最終氷期には、両極地域における氷河の発達にともない、海水面が現在よりも一二〇メートル近く低い位置にあったため、ギリシアでも海際には海岸平野が広がっていた。ところが、最終氷期が去って完新世にはいると、氷河に閉じこめられていた地表の水が大量に海に流れ込んだ結果、海水面はかつての平野を呑み込みながらぐんぐん上昇していった。エーゲ海に浮かぶたくさんの島々は、この海進現象によって水面下に没したかつての山々の頂なのである。完新世初期の急激な海進はその後もスピードをゆるめながら続き、ギリシアの景観はようやくローマ時代になってほぼ現在のかたちに落ち着くことになる。海際にあるギリシアの古代遺跡がしばしば現在では海面下に没しているのはそのためである。

しかし、ギリシアに人類が住み始めたのは、このような景観が形成されるよりも、はるか以前のことだった。旧石器時代のギリシアに関する情報は、二十一世紀に入って急増しているが、これはギリシア各地でフィールド踏査が盛んにおこなわれるようになったことと密接に関係している。というのも、かつては、旧石器時代の遺跡といえば岩陰や洞窟というイメージが強かったが、近年のフィールド踏査によって、メガロポリス近郊にある前期旧石器時代のマラトゥーサ遺跡を筆頭に、この時代の開地遺跡《オープン・サイト》の存在が続々と報告されるようになったからである。前期旧石器時代に遡ることが確実な遺跡は依然として限られているが、およそ一五万年前に始まった中期旧石器時代の遺跡の数は、現在では二四〇を超えるようになっている。ギリシア各地で発見されている特徴的なルヴァロワ技法による石器は、旧人（ネアンデルタール人）と呼ばれるこの時代の人類の活動がギリシアでも広範に及んでいたことの証拠である。二〇一九年には、マニのアピディマ洞窟で発見された頭骨の化石（二一万年前）が、ユーラシアにおける最古の現生人類のものであるという衝撃的な研究成果が報告されて話題になったが、旧人から現生人類（ホモ・サピエンス）への交替劇をめぐっては、これからも新たな発見が期待されている。いずれにしても、ギリシアでは、遅くとも三万年前までには後期旧石器時代に特徴的な細長い剝片石器の使用が一般化しており、そこに現生人類が暮らすようになっていたことは確かである。後期旧石器時代の遺跡は、その後の海進現象によって水没してしまったためか、中期旧石器時代の場合に比べてその数があまり多くない。しかし、メテオラ近郊のセオペトラ洞窟やアルゴリス半島のフランクティ洞窟などでは、このころから狩猟採集民による季節単位の周期的な利用を示唆する厚い文化層の堆積が観察されるようになる。

定住社会への道

やがて完新世の初期に地球規模で温暖化が進むと、温帯森林の中緯度地帯への北上と海進現象が、各地でそれまでの「狩りつづける戦略」から「たくわえる戦略」への生業の転換をうながすようになる。その過渡期は中石器時代と呼ばれているが、それは船や弓矢などの技術的革新によるあらたな環境への適応が模索された時代でもあった。

ギリシアの場合も例外ではない。フランクティ洞窟では、中石器時代の層から地中海の代表的な大型回遊魚であるマグロの骨や黒曜石の石器が出土している。黒曜石が産出するのは、ギリシアではエーゲ海のミロス島だけなので、これらの遺物は当時の人々があらたな資源を求めて積極的に海へ乗り出していったことを証言している。放射性炭素年代はやや新しい数値を示しているが、スポラデス諸島のユウラ島にあるキクロパス洞窟でも、中石器文化層からは数多くの魚骨や骨製の釣り針などが見つかり、生業における海産資源への依存度の高さを印象づけている。後期旧石器時代の遺跡がむしろ内陸に集中していたことを想起すれば、このような状況は中石器時代がギリシアの歴史における重要な岐路であったことを示しているといえるだろう。

今から八五〇〇年程前に起こった農耕牧畜経済の受容も、このような中石器時代以来の多角的な環境適応戦略の試みの一環だった。シリアやヨルダンなどのレヴァント地方では、今から一万年以上も前にすでにナトゥーフ文化と呼ばれる野生種の穀物の集約的な利用に依存する定住村落が成立しており、その発展の過程で穀物の栽培と動物の家畜化も始まっていた。続く時代には、イスラエルのイェリコやトルコのチャタル・ヒュユックなどで、先土器新石器時代の大規模な集落が成立している。地球規模でみても、後氷期は顕著な定住化の時代だったが、中石器時代の海進によって野生植物資源の豊かな海岸平野が消滅しつつあったギリシアでは、人々は同時代の西アジアから農耕牧畜というあらたな生業を導入することによって、村落での定住生活を実現・維持する道を拓いたのである。それを先導したのは、おそらくこの時期に東方から海をこえて渡ってきた人々だったと考えられている。

なお、一九五〇年代から六〇年代にかけて、フランクティ洞窟やテッサリアのアキレイオン、クレタ島のクノッソスなどの調査結果から、ギリシアでも中石器時代と新石器時代とのあいだに無土器新石器時代がある程度の期間にわたって存在したという説が唱えられたことがある。それは、ギリシアもまた農耕が自生的に発達した「核地域」の一部であることを主張しようとするものだった。しかし、一九八〇年代になると、これらの調査報告には疑義が挟まれるようになり、現在では少なくとも農耕牧畜経済の準備段階としての無土器新石器時代をギリシアに設定することには批判的な立場が主流になっている。ギリシアの新石器文化は、土器も含めて完成された形態で西アジアからはいってきたと考えるべきだろう。

初期農耕村落の成立

ギリシアの新石器時代は、初期(前六五〇〇〜前五八〇〇年)、中期(前五八〇〇〜前五三〇〇年)、後期(前五三〇〇〜前四五〇〇年)、末期(前四五〇〇〜前三二〇〇年)という四段階に区分されている。各段階に割りあてられている年代幅にかなりの長短の差があるのは、すでに土器の様式などの文化内容を基準とした相対編年が確立されたあとになってから、放射性炭素年代測定法による絶対年代が与えられたためである。なかでも目立つのは、末期新石器時代がアンバランスに長いことであるが、これは続く初期青銅器時代の始まりがエジプトやメソポタミアとの比較から前三〇〇〇年をそれほどさかのぼらないと考えられるのにたいして、これまで測定されている後期および末期新石器時代からのサンプルのほとんどが、前四〇〇〇年よりも古い年代を示していることによる。この放射性炭素年代上の断絶が歴史的な意味をもっているのか、それともサンプリングや較正《こうせい》(放射性炭素年代の暦年代への換算)などの技術的な問題によるものかは、いまのところ不明である。

新石器時代のギリシアでは、大麦、そしてアインコルンとエンマーという二種類の小麦が基本的な栽培穀物となり、レンズ豆などの各種豆類も植物性の蛋白源として生産されるようになった。家畜としては、山羊、羊、豚、牛、犬の五種類が重要だった。とりわけ、山羊と羊については、中石器時代以前のギリシアで野生種が確認されていないので、新石器時代の初めに栽培種の穀物類とセットになってアナトリア方面からはいってきたことが確実視されている。

新石器時代のエーゲ海における先進地域は北ギリシアであり、その文化は明らかに豊かな初期農耕文化の広がるブルガリアなどの北方バルカン内陸部と密接な関係にあった。対照的に、南ギリシアでは初期新石器時代の集落の数はそれほど多くなく、キクラデス諸島にいたっては、ミロス島の黒曜石が活発に採掘されつづけていたにもかかわらず、中期新石器時代にいたるまで集落遺跡は少ない。これは、導入されて間もない段階では、豊富な水と肥沃な土壌にめぐまれた地域にしか農耕が根づかなかったためだろう。なだらかな丘陵が起伏し内陸盆地に湖が点在するテッサリアや、アクシオス川やアリアクモン川などの悠々たる大河に潤されたマケドニアの平野が、初期の農耕定住村落が展開する格好の舞台となったのもそのためだったと考えられる。これらの地域をおとずれると平野のそこかしこに小高い丘が点在しているが、マグーラと呼ばれるこれらのマウンドは西アジアのテルに相当する新石器時代の集落址であることが多い。また、これらの地域とは対照的な自然環境を特徴とするキクラデス諸島への新石器文化の拡大は、二条大麦から生産性の高い六条大麦への転換がその契機となった可能性が指摘されている。

新石器文化の展開

新石器時代の文化要素のなかでもっとも重要なものは、いうまでもなく土器である。すでに初期新石器時代から、土器の表面にはさまざまな色調を呈するスリップ(釉)がほどこされ、しばしば光沢を発するほど強い磨研がほどこされている。また、初期新石器時代にはほとんど半球形の碗に限定されていた器形には、中期新石器時代になるとさまざまなレパートリーが加わり、地域色も豊かになってくる。テッサリアの中期新石器時代(セスクロ文化)を特徴づける白色の器面に赤でジグザグ文様を描く土器や、同じ時期のペロポネソス半島に普及した「新石器ウアフィルニス」と呼ばれる独特の光沢のある淡褐色の地に簡素なパタンを描いた土器は、この時期の製陶技術の高度な水準をよく示している。テッサリアでは、後期新石器時代(ディミニ文化)になると彩文土器の文様がさらに複雑化するが、その幾何学的なモティーフは同時代の織物のデザインに触発されたものらしい。

土器ばかりではなく、この時代には土偶もさかんにつくられている。しばしば女性の胸や腰などの身体的な特徴が強調されているため、一般にこれらの土偶は豊饒を祈願する信仰にかかわるものと解釈されているが、確証はない。ただし、墓に副葬されることがなく、多くが住居址で破損した状態で見つかることから、崇拝の対象というよりは、むしろ日常生活におけるなんらかの具体的な祭儀に用いられていたのではないかと考えられる。このような小像は、「サリアゴスの豊満な女性」の通称で知られる像のように、エーゲ海の島々ではときに大理石でも製作されていた。

後期新石器時代のテッサリアの集落遺跡では、しばしば小高い丘の頂上部を周壁が囲む独特の集落構造がみられるようになる。この時期を代表するディミニのアクロポリスでは、のちにミケーネ時代の宮殿主体部を特徴づけることになる独特の構造(メガロン形式)を先取りした建築物が見つかっている。このような建築遺構は、後期新石器時代のギリシアに、萌芽的ながらも求心的な構造を特徴とする社会が成立していたことを示唆している。ディミニの周壁を防禦的な施設とする解釈には異論もあるが、オッザキ、アルギッサ、アラピなどで確認されている環濠の存在は、このころまでに集落間の戦争が始まっていたことを物語っている。後期新石器時代から末期新石器時代にかけて銅製の武器が出現したことは、そのひとつの反映かもしれない。なお、冶金術はおそらくブルガリア方面から伝播したものであるが、エーゲ海産のスポンデュルス貝でつくられたブレスレットがポーランドにまで到達していることは、この時代に北方との交易がおこなわれていたことを示している。

しかし、このように複雑化をたどっていた社会が、その発展の延長上に初期青銅器時代の社会を誕生させたと単純に考えることはできない。というのも、末期新石器時代になると、マグーラを形成するような開地遺跡は減少し、洞窟の利用がふたたび活発化するからである。後期新石器時代の銅製短剣が出土したことで知られるディロス(マニ)のアレポトリュパ洞窟やナクソス島のザス洞窟はその代表的な遺跡として知られている。しかし、これらの遺跡の文化内容には後期新石器時代と初期青銅器時代とを結ぶような性格も認められるので、前四千年紀のギリシアに(放射性炭素年代が示唆するように)あえて長期にわたる居住の断絶を想定する必要はないだろう。いずれにしても、末期新石器時代から初期青銅器時代への移行期にかんしては、今後の解明をまたなくてはならない点が数多く残されているのである。

エーゲ海への転進

ギリシアにおける青銅器時代の開始年代は、前三二〇〇〜前三〇〇〇年ころにおかれている。青銅器時代とは、文字どおり銅と錫(初期には砒素)との合金である青銅が利器に使用された時代のことであるが、ギリシアの場合には、上述したように、すでに後期新石器時代には銅器が出現している一方、初期青銅器時代の最初の段階では、いぜんとして青銅製の遺物は一般的になっていない。むしろ、注目すべきは、この時期にギリシアのその後の歴史を規定することになる二つの重要な変化が生じたことである。

ひとつは、北から南への文化圏の重心の移動である。長い新石器時代をとおして、ギリシアにおける文化の先進地域はテッサリアやマケドニアなどの北ギリシアにあった。この地域は、冶金術と農耕に立脚する豊かな南東ヨーロッパ内陸部の諸文化との接触を通じて、時代をリードしてきたのである。しかし、初期青銅器時代にはいると、文化の中心は、それまでは集落の分布がまばらだった南ギリシア(ボイオティア以南のギリシア本土とペロポネソス半島、キクラデス諸島、クレタ島)へと移っていく。この地域では、新石器時代に一時的に居住されていた集落がふたたび繁栄をむかえるとともに、それまで居住されていなかった場所にもつぎつぎにあらたな集落が成立するようになる。初期青銅器時代から前四世紀にマケドニア王国が台頭するまで、ギリシアの中核地域の座を占めつづけたのは、この南ギリシアだったのである。

この重心の移動をもたらした要因と考えられるのが、もうひとつの変化、すなわち栽培作物へのオリーヴとブドウの導入である。これらの果樹は日当りと水はけの良い丘陵部に適しているので、起伏の激しい南ギリシアでは、これまでの平地における穀類の生産と競合することなく耕地を拡大することができた。これら二種類の果樹は、小麦とともにしばしば「地中海の三大作物」と呼ばれているが、このギリシア農業の基本構造が確立されたのは、おそらく初期青銅器時代のことだったと推測されている(ただし、年代については異論もある)。しかも、オリーヴから生産されるオリーヴ油とブドウから醸造されるブドウ酒は、交易品としても高い価値をもっていた。それは、やがてギリシアが地中海をこえてアフリカや西アジアとの文化交渉を展開するための貴重な手段となっていく。青銅器時代の集落が海岸部に集中していることは、エーゲ海を舞台とする海上交易の活発化を抜きにしては考えられない。「たくわえる戦略」の時代は、「交換する戦略」の時代へと移りつつあったのである。

初期青銅器時代

エーゲ海に浮かぶキクラデス諸島では、ナクソス島やパロス島、シロス島などを中心に、初期青銅器時代の特徴的な文化内容を伝える墓域が発掘されている。これらの墓域では、石積みの単葬墓が数十基のグループをなしていることが多い。この文化の初期の段階(グロッタ・ペロス文化)の代表的な副葬品には、羽状刻文のほどこされたピュクシスやヴァイオリン形の石偶などが含まれ、より発展した段階(ケロス・シロス文化)になると、渦巻文でかざられた「フライパン」や各種の彩文土器があらわれる。美しい大理石を加工した容器や石偶はすでに新石器時代にもみられたが、ケロス・シロス文化の段階になると、石偶は両手を腹部で組んだ独特のポーズをとるようになる。

このような文化の成立にあたっては、やはり「交換する戦略」が大きな役割を担っていたらしい。というのも、エーゲ海の島々では産出する天然資源が島ごとに大きく異なっており、シフノス島の金や鉛、キスノス島の銅、アッティカ南端のラウレイオンの銀、ミロス島の黒曜石などが相互に交換される過程で、斉一的な文化が形成されたと考えられるからである。ケロス島のように膨大な石偶の破片が発見されている場所は、この文化の人々が集まって祭祀をともにする場ではなかったかと推測されている。

前二五〇〇年ころをさかいとして、ケロス・シロス文化期の後半になると、エーゲ海中央部の島々では、しばしば険しい岩山の頂に、デパス・アンフィキュペロンと呼ばれる土器などトロイアⅡ市と共通するアナトリア的な文化内容を特徴とする文化の集落遺跡が築かれるようになる。シロス島カストリ遺跡やデロス島キュントス山頂遺跡がその代表的なものであるが、このような文化(カストリ・グループ)を担ったのは、青銅冶金に特化した集団としてアナトリアからエーゲ海に到来した人々だったらしい。かつては、このようなアナトリアからの人間集団がエーゲ海の初期青銅器文化を滅亡させたと考えられたこともあったが、シロス島ハランドリアニ遺跡の墓域の状況からは、おそらく彼らが伝統的なケロス・シロス文化の人々と通婚しながら平和裡に共存していた様子が推測される。

ギリシア本土では、前二六〇〇年ころまでに、ウアフィルニスと呼ばれる釉(暗色のスリップ)で器

ケロス・シロス文化の石偶　初期青銅器時代のキクラデス諸島では，大小さまざまの大理石製の石偶が製作され，副葬品として墓におさめられたが，その多くは扁平で，両腕を前で組んだ独特のポーズをとっている。

面が覆われた土器の存在を指標とする文化（初期ヘラディックⅡ、あるいはコラクウ文化）が広がるようになった。特徴的な器形には、特異な形の注口部のあるソースボートやアスコス、口縁部が内傾する小型の鉢などがある。カストリ・グループのものを例外としてほとんど墓域しか見つかっていない同時代のキクラデス諸島の場合とは異なり、ギリシア本土ではボイオティア、アッティカ、アルゴリスを中心に、この文化の集落遺跡が数多く調査されている。海に突出した岬の上に小規模な集落が広がるアッティカのアスキタリオや、低い丘の上に数室からなる不定形の家屋が密集するアルゴリスのジグリエスは、この時代の典型的な集落遺跡であるが、エウボイア島のマニカなどでは、さらに規模の大きな集落も確認されており、そのためこの時期はギリシアにおける最初の都市化の時代と呼ばれることもある。この時期の拠点的な集落はしばしば城壁をともない、その中心には回廊を備えた大規模な建物が築かれていた。アルゴス平野のレルナで発掘された「建築遺構BG」や「瓦屋根の館」、ティリンスの「円形建築物」、エギナ島のコロンナⅢ市の「白い館」などは、その代表的な遺構に数えられる。これらの遺跡からしばしば印章や封泥が出土することは、当時の社会が経済活動を統制するこのような建物を中心に組織化されていたことを暗示している。

しかし、前二二〇〇年ころになると、しばしばこれらの集落は暴力的な破壊を受け、ギリシア本土は大きな文化変化の画期をむかえることになった。レルナでは「瓦屋根の館」が焼け落ち、その崩壊層の上からは、発掘によって原ミニュアス土器と彩文土器をともなうあらたな文化が確認された。この原ミニュアス土器とは、ギリシア本土の中期青銅器文化を代表する灰色ミニュアス土器の祖形とみなしうるものである。一般に、中期青銅器時代から後期青銅器(ミケーネ)時代にかけての発展は連続的だったと考えられているので、線文字B粘土板文書の解読によってミケーネ時代の人々がギリシア語を用いていたことが明らかにされると、ミケーネ時代末の崩壊層ではなく、この前二二〇〇年ころの崩壊層こそ「ギリシア人の到来」を示すものではないかという見解が有力視されるようになった。

しかしコロンナやアルゴス平野のヴェルヴァティでは、レルナの場合とは異なって原ミニュアス土器が出現したあとになってから集落が焼壊しており、このような崩壊の波を原ミニュアス土器によって特徴づけられる斉一的な文化をもった人間集団の侵入と結びつけて考えることを困難にしている。ただし、このころから初期青銅器時代の末にかけてギリシア本土の多くの遺跡で崩壊層が観察されることは事実であり、キクラデス諸島の初期青銅器文化が軌を一にして衰退していくことも考えあわせれば、原因はなんであれ、少なくともこれらの地域では初期青銅器時代の末がひとつの大きな変革期となったことは確かだろう。

初期青銅器時代には、エーゲ海の南端に浮かぶクレタ島もゆるやかな発展の歩みをたどっていた。島嶼部《とうしょ》のケロス・シロス文化や本土の初期ヘラディックⅡと並行する時期(初期ミノアⅡ)には、ミルトスやヴァシリキのような集落が繁栄し、東クレタのモクロス島の墓からは、高度な技術を伝える金製の装飾品が出土している。メサラ平野を中心に分布するトロス墓(長期間利用された円形の合葬墓)も、墓をともにする小集団から構成されるこの時期の集落の安定性をよく示している。キクラデス諸島とギリシア本土とのあいだには活発な文化交流の痕跡が認められるのにたいして、この時代のクレタ島は、ミラベロ湾に面するアイア・フォティアのような海際の集落遺跡を別にすれば、やや周辺世界から孤立していたようにみえる。それもあってか、エーゲ海島嶼部やギリシア本土の場合とは異なり、クレタ島は初期青銅器時代末期の崩壊の波をかぶることがなかった。このことは、続く時代に大きな意味をもってくることになる。

2　エーゲ海宮殿文明の盛衰

宮殿と首長制社会

　ある文化が都市的景観、大規模な建築物、そして文字という三つの要素を備えるにいたったとき、あるいはそのうちの二つしかなくても、周辺の諸文化に圧倒的な影響力をおよぼすようになったとき、それはしばしば文明と呼ばれる。ギリシアにおける前二千年紀のミノア＝ミケーネ文明が「宮殿文明」と呼ばれるのは、それがこのような文明の条件を満たしながらも、前一千年紀の「都市(ポリス)文明」にはもはやあらわれることのない宮殿という構造物を核として繁栄したことによる。

ギリシアでは、宮殿は前二〇〇〇年をすぎたころのクレタ島で最初に出現した。クレタ島の宮殿は、いずれも前一七八〇年ころにおそらく地震による破壊を受け、その後ただちに再建されている。そのため、古い段階(第一宮殿時代、あるいは古宮殿時代)の様相については明らかでない部分も多いが、イギリスの考古学者エヴァンズによって二十世紀初頭に発掘されて以来、もっとも研究が進んでいるク

クノッソス宮殿　クノックスをはじめとするミノア文明の宮殿は，中央広場を取り巻く複雑ながらも整然と配置された建物群によって構成されている。写真は，中央広場に通じる，復元された北門通路。

クノッソス宮殿の貯蔵庫　物資の再分配センターとしての宮殿にとって，貯蔵庫は心臓部ともいえる存在だった。その壁には，宮殿の崩壊にともなう火災の痕跡がなまなましく残っている。

ノッソス宮殿からの知見によれば、宮殿はその建設当初から、現在遺構として見ることができる新しい段階（第二宮殿時代、あるいは新宮殿時代）の宮殿と同様に、長方形の広い中央広場を複数階の建築物が整然と取り囲む定型化されたプランを特徴としていたらしい。それは、このような宮殿が、大規模で複雑な建物の構築を企画し、膨大な労働力を動員することでそれを実現に移す力をもった「支配者」のイニシアティヴのもとで建設されたことを暗示している。

しかし、宮殿の誕生をこの時代のクレタ島における「支配者」の側の強権の発露としてのみ理解することは、おそらく妥当ではない。宮殿の中心部分が「支配者」の座所ではなく中央広場という開かれた空間にあてられていること、宮殿が地震によって被災してもすみやかに再建されていること、そして、なによりも全容が明らかになっているすべての宮殿で城壁が見つかっていないことは、このような宮殿が社会の構成員の合意によって、さらには構成員の側の必要に応えるために建設されたことを示唆している。それでは、宮殿はいったいなんのために建設されたのだろうか。

伝説のクレタ王ミノスにちなんでミノア文明と呼ばれるこの文明の宮殿の顕著な特徴のひとつは、農産物を貯蔵するために大きなスペースが割かれていることである。宮殿は「支配者」の拠点であり、住民を統合する祭祀活動の中心であるとともに、いわば巨大な倉庫としての機能も備えていた。それは、領域の各地から運ばれてきた農産物や工芸品を一時的に保管し、必要に応じて各地へ分配することを主たる機能とする施設だったのである。再分配システムと呼ばれるこのような経済の仕組みは、ギリシアのように複雑な景観のもとで一円的な領域の統合を実現するには、きわめて効率的だった。というのも、このシステムが機能しているかぎり、各地では環境に応じた生業の専門分化が可能となり、さまざまな技術分業が促進されたからである。

再分配システムは、通文化的には首長制と呼ばれる社会の発展段階においてしばしばみられる現象である。首長制社会とは、社会が複雑化し、階層分化が進んでいるものの、それがまだ制度的に固定されていない段階の社会のことであり、歴史的にはしばしば定住農耕村落と初期国家とのあいだにあらわれる。このような社会では、「支配者」すなわち首長は、さまざまな儀礼を司り、戦争に際しては自ら先陣に立って指揮をとり、再分配システムを統御することで、社会的統合の核となる自らの威信を集団のなかに印象づけようとする。巨大なモニュメントの造営や灌漑施設の整備などの共同事業を展開することによって集団の結束をはかるのも、首長に課せられた任務である。このような典型的な首長制の特徴に照らしたときに興味深いのは、それらのいくつかが、ミノア文明の社会には欠落しているように見えることである。まず、ミノア文明の宮殿には城壁がなく、出土遺物にも戦争に関わるものがほとんどない。この時代のクレタ島には、後述するように複数の宮殿が存在することから、それらを中心とする勢力が争い合うこともあったはずだが、少なくとも考古学的にそれらを跡づけることは難しい。また、とりわけ新宮殿時代になると、クレタ島ではまったくと言っていいほど墓が造営されなくなり、従って他の首長制社会ではもっとも顕著なモニュメントである王墓も存在しなくなる(クノッソス周辺のイソパタの「王墓」やケファラのトロス墓などは、いずれも本来のミノア文明の時代のものではなく、後にクノッソス宮殿がギリシア本土から到来したミケーネ文明の人々によって再利用されていた時代のものである)。なぜ、ミノア文明にはこれらの要素が欠けているのかは、依然として謎に包まれている。

クレタ島がギリシアで最初に首長制社会の段階に到達したのは、この島が穀物およびオリーヴやブドウの生産に適した環境にあるとともに、早くから先進オリエント地域と接触をもっていたためと説明されることが多い。しかし、見逃してはならないのは、初期青銅器時代末のギリシアを襲った激しい文化変化の波がクレタ島には到達しなかったために、初期青銅器時代から持続的な発展をとげてきた在地社会が、そのまま宮殿社会の下地となったことである。こうして、青銅器時代の初めに起こった北から南への文化の中心地の移動は、ミノア文明でひとつの頂点をむかえることになる。

ミノア文明の宮殿と都市

クレタ島では、典型的なプランをとるミノア文明の宮殿は、これまでにクノッソス、フェストス、マリア、ザクロスの四遺跡でその全容が明らかにされてきた。しかし、これらのほかにも、クノッソスのすぐ南に位置するアルハネス、メサラ平野にあってフェストスからわずか四キロしか離れていないアイア・トリアザ、さらにその南西の海際に位置するコモスなどは、いずれも宮殿に比肩する規模の遺構と出土品を誇っている。しかも、一九九〇年代にはあらたな宮殿遺跡ガラタスの発見が学界にセンセーションを巻き起こすなど、ミノア文明の政治地図を描くことは、近年ますますむずかしくなってきている。

宮殿のような再分配システムのセンターでは、しばしば物資の出入りを管理・記録するための記号が必要となる。ミノア文明においても、印章などにみられる初期の象形文字が長い期間をかけて発展した結果、ギリシア史上はじめて線文字Aと呼ばれる独特の文字体系が確立された。線文字Aは、これをきざんだ粘土板などのサンプルの数が少ないためにいまだに解読されていないが、これをもとにしてのちにミケーネ文明の宮殿でギリシア語を表記するために創案された線文字Bから類推するかぎり、表音文字と表意文字からなっていたらしい。

文字ばかりではなく、再分配システムの確立は、宮殿を中心とする各種の精巧な工芸品の生産を可能にした。その代表的なものが前一八〇〇年ころまでには完成の域に達していたカマレス土器であり、その器面は暗色地に白色やオレンジ色などで描かれた大胆で自由奔放な文様でかざられている。前一七〇〇年ころをすぎると、土器の様式はカマレス土器にかわって明色地に暗色で彩文を描くものが主体となり、宗教的な儀式に用いられるリュトンや、香油をつめるのに用いられた鐙壺などの器形があらわれた。

前一七〇〇～前一五〇〇年ころに、ミノア文明はその繁栄の頂点に達した。このころのクレタ島では、宮殿の周囲にヴィラと呼びならわされている独立家屋が点在し、海際にはパレカストロのように大規模な港湾都市が広がっていた。宮殿のなかに設けられた祭祀の場ばかりではなく、平野を望む険しい岩山の頂(山頂聖域)や、地中に続く深い鍾乳洞なども、雄大な自然への畏怖と崇拝の対象として、人々の精神生活のなかで重要な役割をはたしていた。その文化圏はエーゲ海の各地におよび、ミノア文明の影響を強く受けた都市が、ケア島のアイア・イリニ、ミロス島のフィラコピ、サントリーニ島のアクロティリなどで発掘されている。なかでも、前一六二八年に起こったと推測される火山爆発によって都市がそっくり火山灰に埋没したアクロティリは、この時代の人々の生活にかんする貴重な情報源となっている。アクロティリの家々をかざっていたサフランを摘む女性たちや壮麗な船団のパレードを描いたフレスコ画からは、ミノア文明の世界に生きた人々のいぶきがいきいきと伝わってくる。

アクロティリのフレスコ画には、ナイル川の風景を描いたと思われるものがあり、ミノア文明の人々の世界がエーゲ海をこえてはるか彼方《かなた》にまで広がっていたことを示唆している。また、このころ(第二中間期)のエジプトでは、ヒュクソスと呼ばれる異民族がデルタ地方に侵入し、アヴァリス(テル・エル・ダバ)を拠点としていたが、その宮殿からはミノア文明に独特の「牛飛び」の情景を描いたフレスコ画が出土している。クレタの王女がヒュクソスの王子のもとに嫁いできたのではないかという発掘者の推測も、同時代の西アジアの慣習を考えるならば、あながち荒唐無稽なものとはいえない。エジプトからは、クレタ島に由来する土器が数多く出土しているばかりか、新王国時代の貴族の墓に

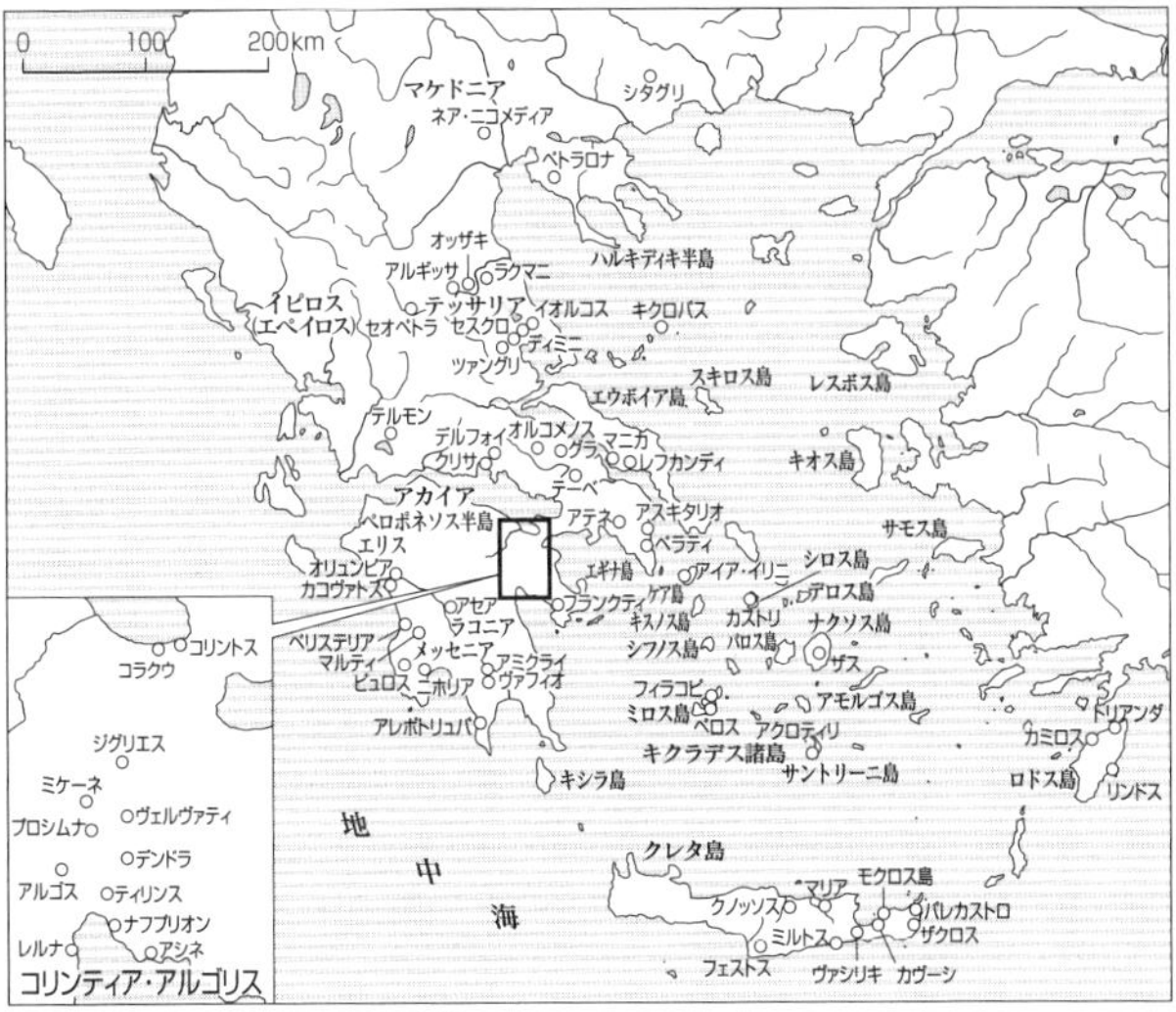

初期青銅器からミケーネ時代のギリシア

はファラオに朝貢するクレタ人（ケフティウ）の姿も描かれている。ミノア文明圏との交流はユーフラテス河畔のマリの宮殿でも確認されており、海外に飛躍したクレタ島の人々の活動の一端をうかがわせている。

ミケーネ文明の興隆

クレタ島とその影響下にあったエーゲ海の島々がミノア文明の繁栄を享受していたころ、ギリシア本土は初期青銅器時代末の激しい文化変化の痛手からなかなか立ち直ることができずにいたらしい。ろくろによって成形されたミニユアス土器に加えて、中期青銅器時代にはいる前二〇〇〇年ころからは鈍彩土器と呼ばれる土器が普及するが、これらの遺物をともなう集落遺跡の数は初期青銅器時代の集落の数と比較するとはるかに少ない。遺跡数の減少そのものは、拠点的な集落への中小集落の統合といった集落組織の変化によって説明できるとしても、同時代の副葬品が概して貧弱なことは、やはりこの時代のギリシア本土が文化的に低迷していたことを示唆している。

ところが、前一六五〇年ころになると、アルゴス平野の北辺にあるミケーネで、突如として豪華な副葬品をおさめた墓が造営されるようになる。ドイツの考古学者シュリーマンによってミケーネのアクロポリスの城壁内で発掘された円形墓域A（およびのちに城壁外で発見された円形墓域B）がそれである。これらの墓域にほりこまれた竪穴墓の底には、膨大な量の黄金製の装飾品をはじめとする豪華絢爛たる遺物が副葬されていた。そのなかには、クレタ島からの工芸品はもちろんのこと、北のバルト海からもたらされた琥珀《こはく》や南のアフリカからもたらされたダチョウの卵の加工品などが含まれている。このような副葬品の特徴は、これらの墓の被葬者たちが、豊かな富と幅広い交易ネットワークを背景に勢力を伸ばしつつあったことを物語っている。

ミケーネ文明と呼ばれるこの文明は、ミノア文明からの影響を強く受けながらも、いくつかの点においてミノア文明とは大きく異なっていた。まず注目されるのは、武器などの戦争にかかわる遺物や遺構が文化要素に占める比重の高さである。ミケーネ時代の最初期の段階に位置づけられる円形墓域においても、竪穴墓のなかには奢侈《しゃし》品とともに青銅の長剣や短剣がおさめられ、その上に立てられていた墓碑の表面には、二頭立ての馬が引く戦車をかる戦士の姿が稚拙ながら力強い表現で浮彫りにされていた。戦車は前二千年紀の前半に環東地中海世界に普及するようになった当時の最新兵器であり、走行に適した平坦な土地が広がるアナトリア高原やエジプトのデルタ地帯では、やがて戦争の主役となっていく。ギリシアのように起伏にとんだ土地で、実際の戦闘において戦車がどれほど有効だったかは疑問の残るところだが、ミケーネの円形墓域の被葬者たちが戦車をきわめて重視していたらしいことは、彼らが環東地中海世界の諸文明の覇者たちと王権をめぐる価値観をともにしていたことを物語っている。ミケーネの周囲には構築道路のネットワークが延びていたが、これらは戦車の走行を前提としたものだった可能性が高い。

さらに、ミノア文明の場合とは対照的に、ミケーネ文明の世界では、首長たちが組織する社会統合のための集団事業は、再分配システムの拠点となる宮殿の建設よりも、まずは彼ら自身の墓の造営に向けられた。前一五〇〇年ころから、ギリシア本土ではトロス墓と呼ばれる大型の石造墓があらわれるようになる。通文化的には、社会の最上層に位置する特定の個人や集団のために大規模な墓を築く習慣は、しばしば首長制社会が発展して初期国家へと移行する段階に出現する。エジプト古王国のピラミッドや、わが国の古墳はその典型的な例である。また、この段階では、権力が首長(王)へ集中していくにつれて、位階的な社会構造を安定させるための統治組織や表象の体系が整備されていくのが一般的である。ミケーネ文明の世界では、円形墓域からの出土品の意匠や規格化されたトロス墓の構造が示すように、このプロセスはかなり早い段階(前十七世紀から前十五世紀まで)に進んでいたらしい。

ミケーネの円形墓域Ａ　ミケーネの円形墓域Ａからは，ミケーネ時代最初期の支配者たちを葬った６基の竪穴墓が見つかった。その莫大な副葬品は，ミケーネ文明の興隆過程を探るうえでかけがえのない貴重な手がかりとなっている。

この時代のギリシアの諸王国は、小規模ながらも同時代の西アジアと肩をならべる初期国家へと接近しつつあったのである。その背景には、ミノア文明以来の、東地中海を舞台とするアナトリア(ヒッタイト帝国)やエジプト(新王国)との活発な交流があった。なかでも、コム・エル・ヘタンのアメンヘテプ三世葬祭殿の彫像台座にきざまれたクノッソスやミケーネなどの地名や、ミケーネなどで発掘されているアメンヘテプ三世のカルトゥーシュ(王名枠)をきざんだ象牙板は、前十四世紀におけるミケーネ世界とエジプトとの密接な関係を証言している。

　このようなミケーネ文明の性格は、やがてギリシア本土の拠点的な集落に築かれるようになる宮殿のプランからもうかがうことができる。ミノア文明の宮殿がたくさんの人が集うことのできるオープンな中庭を囲むように構築されていたのにたいして、ミケーネ文明の宮殿主体部はメガロンと呼ばれる王の座所を核とする求心的な構造を特徴としていた。四本の柱によって支えられたメガロンの主室には宗教的な機能をもつと考えられる円形の炉があり、かたわらの壁際には玉座もすえられている。ピュロスやティリンスの宮殿で観察されるこのようなメガロンの遺構はミケーネ時代の後期（前十三世紀）のものであるが、それは王という個人にたいする権力の集中がさらに進んでいたことを示している。

ピュロス王国の統治構造

ミケーネ文明の世界は、前十五世紀までに北はテッサリアから南はペロポネソス半島とエーゲ海島嶼部にいたる地域に広がった。この時代の大きな特徴は、葬制面でこそ地域差が目立つものの、ミケーネ土器の様式をはじめとする物質文化の内容がきわめて均一だったことである。しかし、このことはミケーネ文明圏の全域が単一の強大な王国によって支配されていたことを示すものではない。逆に、このように均一な文化内容は、各地に成立した諸王国の競争的な相互交渉によってもたらされたと考えられている。テッサリアのイオルコス、中部ギリシアのオルコメノスやテーベ、アテネ、そしてアルゴス平野のミケーネ、ティリンス、ミデアなどは、それぞれが独立した小王国の中心地として発展した。これらの中心地に拠る王たちは、のちのポリス世界の場合と同じように合従連衡《がっしょうれんこう》を重ねた結果、規模においても構造においてもたがいに似かよった王国を築いていったのだろう。また、この世紀の末ころまでに、ミケーネ文明の勢力はクレタ島をも掌中におさめたらしい。ミノア文明の宮殿のいくつかは破壊され、クノッソスやハニアなどは、あらたな支配勢力となったミケーネ文明の人々の拠点として再利用されていくことになる。

これらの王国のなかでも、その統治構造が比較的よくわかっているのが、ペロポネソス半島南西部のメッセニアを占めていたピュロス王国である。ここでは、宮殿のおかれていたアーノ・エングリアノスの丘がアメリカの考古学者ブレーゲンらによって発掘され、そこからミケーネ時代後期に焼壊した宮殿とその文書室などに保管されていた線文字B粘土板が出土した。線文字B粘土板は、すでにエヴァンズによるクノッソス宮殿の調査でも見つかっていた。しかし、ピュロスから大量の史料が発見されたことにより、一九五二年にはイギリスのヴェントリスがこれを解読することに成功し、粘土板にきざまれている音節記号がギリシア語を表記していることを突きとめた。その結果、ミケーネ文明の担い手が印欧語族に属するギリシア人であったことが明らかになるとともに、この時代のひとつの王国の姿を文字史料から解明する道が拓けたのである。

線文字Bは、宮殿を中心とする物資の出入りを記録するため、ギリシア語が表記できるようにミノア文明の線文字Aを改良したものである。しかし、この文字をきざんだ粘土板は恒久的な保存を目的としてはいなかった。粘土板が今日まで保存されたのは、ピュロスやクノッソスなどの宮殿が焼壊した際に文書室に一時保存されていたそれらが焼成されるという偶然の結果だった。したがって、粘土板には、宮殿がかかわっていた日常的な業務がいわばメモ的に記録されていることになる。

それによれば、王国にはおそらくメッセニアの中央部に隆起するアイガレオン山系を境として「こちら側」に九つ、「向こう側」に七つの行政区（ダーモス）があり、それぞれに首長がいた。ピュロスの王は、おそらく彼らを統合する立場にあったのであろう。王そのものはワナックスと呼ばれていたが、この語から派生したアナックスという語はのちのホメロスの叙事詩でもいぜんとして「王」を意味している。しかし、ホメロスではバシレウスという語も「王」の意味で用いられ、古典期になると後者が「王」を意味する唯一の語として一般化する。しかも、線文字B粘土板には、わずかではあるがバシレウスの祖形と思われるクァシレウスも登場している。ワナックス(アナックス)とクァシレウス(バシレウス)との関係をめぐってはさまざまな議論があるが、ホメロスの叙事詩から類推するかぎり、おそらく前者には神に近い精神的絶対性のニュアンスが、また後者には世俗における政務のリーダーとしての性格が際立っていたらしい。このような推測が的を射ているとすると、この時代の諸王国の王が自らの称号としてワナックスを採用していたことも、西アジアの初期国家からの影響によるものと解釈できる。ワナックスとクァシレウスとが併存しながら、前者が後者に卓越するところに、ミケーネ文明の諸王国の折衷的な性格があらわれているのである。

線文字B粘土板は、ほかにもたとえばピュロス王国にはダーモスの管理する公有地ケケメナ・コトナと個人の私有地であるコトナ・キティメナが存在したこと、小アジア沿岸地域などの外国からつれてこられた女性たちが奴隷として宮殿で働いていたこと、また人々がポセイドン神やポトニア女神などに供犠をおこなっていたことなど、さまざまな興味深い情報を伝えている。もちろん、ピュロス王国からの知見の細部をミケーネ文明の世界全体にそのまま敷衍《ふえん》することはできない。それは、残されている同時代史料が豊富だからといって、古典期におけるアテネの国制をそっくりほかのポリスにもあてはめることができないのと同じである。しかし、西アジアの初期国家の王に近い権力を保持するワナックスが、宮殿を中心として複雑化した再分配システムを統御する社会構造の大枠は、おそらくこの時代のギリシアの諸王国にほぼあてはまるものだったにちがいない。

「前一二〇〇年のカタストロフ」と宮殿社会の瓦解

線文字B粘土板には、その史料の性格上、ミケーネ文明の世界における歴史的事件や外交関係にかんする証言はまったくあらわれない。しかし、後代のギリシアの伝承には、おそらくこの時代にさかのぼると考えられる事件の記憶がとどめられている。そのなかでも、ホメロスの叙事詩をとおして後代のギリシア人から過去最大の事件とみなされていたのが、いわゆるトロイア戦争である。トロイア戦争が史実であったかどうかはさておき、同時代の西アジアの状況を顧みれば、伝承の核となった可能性のある大規模な軍事遠征そのものは十分に起こりえた。近年の再調査によっても、後期青銅器時代のトロイアⅥ市がそのような遠征を受けて立つにふさわしい規模を備えていたことが確認されている。

ところが、隆盛を誇っていたミケーネ文明の諸王国は、前十三世紀の後半にいたって深刻な社会的危機に直面することになった。この時期に、ミケーネやピュロスをはじめとして各地の宮殿はあいついで焼壊し、ワナックスを頂点とする社会構造は瓦解していった。同時に、宮殿中心の再分配システムを支えていた線文字Bも忘れられ、ギリシアはふたたび文字のない時代へと逆戻りしてしまう。いったいなにが起こったのだろうか。

かつては、ミケーネ文明の滅亡の原因を「ドーリス人」や「海の民」といった侵略者集団による破壊に帰する説が有力視されたこともあったが、現在ではいずれの説も旗色が悪い。これが「ドーリス人」の侵入によるものであれば、後代にはドーリス方言群の中心となるペロポネソス半島でこの事件の直後に人口が激減したことの説明がつかないし、そもそもこの仮説は考古学的証拠の裏付けを欠いている。この時期にエジプトを襲った「海の民」については、フィリスティア（ペリシテ）人としてパレスティナに定住した彼らの一派の使っていた土器がミケーネ土器の伝統を継承していることから、彼らはギリシアへの侵入者というよりはむしろ諸宮殿崩壊後の混乱の時代のなかでギリシアから流出した集団だったのではないかと考えられるようになっている。地震、気候変動、あるいは乱開発にともなう土壌の劣化といった環境要因を重視する立場も、いまだ決定的な支持をえるにはいたっていない。ただし、諸宮殿の焼壊の背景に、宮殿を中心とする過度に複雑化した統治システムの行きづまりがあったことは確実である。焼壊した諸宮殿が二度と再建されなかったことは、破壊の現場で実際に手をくだしたのが誰であれ、宮殿がもはや社会的に必要とされなくなっていたことを示している。

ギリシアだけではなく、東地中海世界の全域において、前一二〇〇年を前後する時代は危機と混乱の時代だった。この「前一二〇〇年のカタストロフ」の渦中でヒッタイト帝国は滅亡し、エジプト新王国も衰亡へと向かっていく。諸宮殿の崩壊とミケーネ文明の衰亡もまた、東地中海諸地域の動きとあわせて理解されるべきである。しかし、このような状況のなかで瓦解していったミケーネ文明の宮殿体制が、その内部に以下のような根本的な弱点をかかえていたことは見逃されてはならない。

同時代の西アジア初期国家における社会的統合の核となっていたのは、ときに神と同一視されるほどの絶対性を示威する王の存在だった。これにたいして、ミケーネ文明の世界では、ワナックスはついに王の絶対性を担保する表象の体系を整備することができなかった。この時代のギリシアでは、西アジアでは普遍的にみられる威圧的な王の像やレリーフはまったくみられず、王個人の名前さえどこにも記されていない。ミケーネ時代の事件から発想された後代のホメロスの叙事詩において「王権の蚕食」(ギリシア連合軍の総帥アガメムノンにたいするアキレウスの反抗、オデュッセウスの留守中におけるイタカ領主たちの暴虐)が物語展開上の重要な鍵になっていることは、この点でいかにも示唆的である。諸宮殿の焼壊は、そのような王権のもろさを露呈させる事件だったといえよう。

しかし、見方によっては、ギリシアは東地中海世界のなかで「前一二〇〇年のカタストロフ」からもっとも恩恵をこうむった地域といえるかもしれない。というのも、これに続く時代に東方からの影響が一時的に途絶した結果、ギリシアは挫折したミケーネ文明の伝統を乗りこえて、あらたな社会構造の確立を模索することができたからである。

3　初期鉄器時代の再構築

「宮殿後」の時代

前一二〇〇年頃にミケーネ文明の諸宮殿が相次いで破壊されたことは、ギリシア世界にとって、大きな歴史の転換点となった。しかし、この事件をもって、ミケーネ文明の文化要素がすぐに消えてしまったわけではない。ミケーネ文明の中心地であったアルゴス平野のミケーネやティリンスのような拠点集落では、宮殿が統治の中心としての機能を失った後も、なお都市生活が続いていた。ティリンスとミデアでは、部分的にではあるが、かつての宮殿のメガロンの修復がおこなわれたことも報告されている。また、アッティカ東岸のペラティやアルカディアのパレオカストロのような大規模な岩室墓群は、ミケーネ文明の周縁地域では、むしろ宮殿の崩壊後(後期ヘラディックⅢC期)になってから新たに繁栄するようになった集落も存在したことを示している。ミケーネ土器の製作伝統をとってみても、前十二世紀の中ごろに流行した「密集様式」などは、いぜんとしてきわめて高い質を誇っている。また、この時代には、混乱が続くアルゴリスのような中心地をあとにした人々が新天地を求めて各地へ移動したために、ミケーネ文明の世界が一時的に膨張した。とりわけキプロス島には、マア・パレオカストロなど、この時期にギリシア本土から移住してきた人々の築いた集落が出現する。やがてパレスティナ地方に定住することになる「海の民」にもそのような人々が含まれていたことは、すでに述べたとおりである。

ところが、前十一世紀になると各地でミケーネ文明の痕跡は衰微し、ギリシアは考古学的証拠の極端に乏しい時代をむかえる。この前一〇〇〇年を前後する時代（広義には、諸宮殿が焼壊した前一二〇〇年頃からポリスが誕生してくる前七五〇年頃まで）は、しばしば「暗黒時代」と呼びならわされてきた。しかし、現在ではこの時代にたいする関心の高まりとともに、そのような否定的な印象を与える呼称にかえて「初期鉄器時代」という価値中立的な時代名が使われる傾向にある。しばしば「初期鉄器時代にかんして確実なことはなにひとつない」といわれるように、資料が乏しい状況のなかで解釈のみが先行する傾向はいなめないが、この時代にたいする理解は、近年になって飛躍的に深みを増してきている。

前十一世紀の後半におかれる初期鉄器時代の最初の段階は、とりわけ土器の様式においてミケーネ文明の要素がいぜんとして優勢であることから、亜ミケーネ期と呼ばれる。まとまった資料はサラミス島やアテネ周辺の墓域でしかえられていないが、そこでは前代に一般的だった岩室墓への合葬にかえて箱式石棺墓への単葬が主体となり、副葬品にははじめて鉄器が含まれるようになる。やがて、アルゴリスのアシネやメッセニアのニホリアなどでは、端部が半円状に湾曲したプランを呈する独立家屋（アプシダル・ハウス）もあらわれるが、このような形態の家屋は箱式石棺への単葬とともに中期青銅器時代に特徴的だった文化要素である。この「先祖返り」という現象をめぐっては、これをミケーネ時代に周辺に追いやられていた(あるいは従属的な地位におかれていた)人々の文化として、すなわち文化伝統として理解する立場と、牧畜などの特殊な生業と結びつけて理解する立場とが対立しているが、近年では後者の立場が優勢である。

ニホリアでは初期鉄器時代の遺跡としてははじめて、植物遺存体や動物骨の調査がおこなわれた。その成果によれば、この時代の人々は青銅器時代よりもたくさんの牛を食べていたらしい。オリュンピアから、この時代の牛のテラコッタ像が多数出土していること、ホメロスの叙事詩で牛が財産として重視されていることなども、初期鉄器時代の生業の重心が牛の牧畜にあったことを示唆しているよ

幾何学文様期のアンフォラ
初期鉄器時代のギリシアには一時的に火葬が普及し，火葬骨はこのようなアンフォラと呼ばれる陶器におさめられて，土坑墓に埋葬された。

うにみえる。一方で、クレタ島のカヴーシでは羊や山羊のほうが主要な家畜だったことが指摘されているが、地域差はさておき、この時代のギリシアが牧畜中心の移動性の高い社会を基本としていたことは確かであろう。考古学的証拠からは人口が激減したようにみえるのも、このようなやや特殊な生業のあり方がその原因かもしれない。

前十世紀になると、ギリシアには火葬が普及するようになった。アテネでは火葬骨は灰とともに大型の土器(アンフォラ)におさめられてうめられるようになる。原幾何学文様期というこの時代の呼称は、このアンフォラのような土器が、同心円文など簡素で幾何学的な文様でかざられていることに由来している。アンフォラには頸部に縦位の把手がつくものと、腹部に横位の把手がつくものとがあるが、この特徴は前者が男性用、後者が女性用というように、被葬者の性別によって規定されていた。一般に後代のギリシアでは、女性が市民としての特権から除外されるなどジェンダーの区別が大きな意味をもってくるが、その萌芽がすでにこの時代の葬制にあらわれているのである。

ゆるやかな回復

かつては、初期鉄器時代にはミケーネ時代の宮殿や前古典期の神殿のような大規模な建築物が存在しなかったと考えられていた。このような通説を打ち破ったのが、エウボイア島のレフカンディにあるトゥンバで一九八〇年に偶然見つかった建築遺構、いわゆるレフカンディのヘローン(英雄廟)である。全長五〇メートル、幅一三・八メートルの規模をもつ前十世紀の建築物の中央部には二つの土坑がほりこまれ、そのひとつにはキプロス製青銅アンフォラ(ただし前十二世紀の伝世品)におさめられた男性の火葬骨と宝飾品をまとった女性の伸展葬が、もうひとつには四頭の馬がほうむられていた。発掘者は埋葬がおこなわれたあとに建物が築かれたと考えてこれをヘローンと呼んだが、逆に建物が先にあってその床面に土坑がほりこまれたとする説も有力である。いずれにしても、このような遺構の発見は、少なくともこの地域では前十世紀には大規模な建築物を必要とする社会が復活していたことを示唆している。ニホリアの大型アプシダル・ハウスや、のちにアイトリア連邦の聖域となるテルモンで発掘されているメガロンも、おそらくレフカンディのヘローンとほぼ同時代に機能していたらしい。

これらの建築物は、人類学でビッグマンと呼ばれている在地有力者の居館だったと考えられている。ビッグマンとはメラネシアの民族事例から措定された概念で、統治を維持するための機構に支えられた首長とは異なり、個人の優れた素質と能力を背景に君臨する一代かぎりの支配者のことである。この時代には、アテネやクノッソス、アルゴスのように、後代にポリスへと脱皮する安定した集落とならんで、ニホリアやレフカンディ、カヴーシなどポリスへと発展することのなかった不安定な集落が各地に存在した。これらの集落が長くは続かなかったのは、その存続がビッグマンの双肩にかかっていたためとも解釈されている。レフカンディのヘローンが有力者の埋葬とともに破壊され、その残滓《ざんし》

エウボイア系のスキュフォス　地中海の各地から出土する懸垂半同心円文でかざられたこのようなエウボイア系陶器は，前９世紀にはギリシア人が海外との接触を再開していたことを物語っている。

が円形の塚として積み上げられたのも、この有力者のビッグマン的な性格の現れである。

レフカンディのヘローンがやや突出した現象だったとしても、特徴的な陶器の文様から幾何学文様期と呼ばれる前九世紀から前八世紀にかけては、ゆるやかな回復の時代だったらしい。亜ミケーネ期や原幾何学文様期にはきわめて乏しかった墓の副葬品はしだいに増加し、そこには東方から運ばれてきた品が含まれるようになる。前十二世紀以来とだえていた東方との交易がふたたび盛んになったことと呼応して、陶器をかざる幾何学文様のなかには、しばしば大型の櫂船が描かれるようになる。また、懸垂半同心円文でかざられた特徴的なエウボイア系のスキュフォス(杯)は、イタリアやレヴァント方面から数多く出土しており、レフカンディやカルキスなど先進地域のギリシア人たちがこれらの地域と接触をもっていたことをうかがわせる。

しかし、この時代の地中海には、ギリシア人に先行して独自の交易網を広げつつあった民族集団がいた。それが、地中海の東端、現在のレバノンに拠点をもつフェニキア人である。「前一二〇〇年のカタストロフ」から比較的早く立ち直ったフェニキア人は、シドンやテュロスなどに都市国家を確立していたが、東方のアッシリアからの圧力が強まるにつれて、西方の地中海に活路をみいだすようになった。彼らは金属製品の加工交易を主産業としていたので、まずは銅資源の豊かなキプロス島に植民市キティオンを建設し、さらに鉱石資源を求めて遠くスペインの沿岸にまで交易ルートを延ばしていった。やがて、ギリシア人は彼らと競合するように地中海や黒海に進出し、その沿岸部に交易拠点を築いていくことになる。

前八世紀のルネサンス

初期ギリシア史の最大の転機は、前八世紀におとずれた。そのことを誇らかに告げているのが、ギリシア人にとって民族の聖典ともいうべき意義をもつことになるホメロスの二つの叙事詩、『イリアス』と『オデュッセイア』の誕生である。これらヨーロッパ最古の文学作品がいつどのようにして創作されたのか、またそこに描かれている世界がどの時代のギリシアをうつしているものなのかといった謎は「ホメロス問題」として研究者をなやませてきている。しかし、ホメロスの叙事詩の歴史的価値は、むしろそれがこのころに成立したという事実そのものにある。なぜならば、十九世紀の民族主義の時代に「ニーベルンゲンの歌」や『カレワラ』などの叙事詩が近代国民精神の発露として脚光をあびたことからもわかるように、叙事詩の成立と民族意識の生成、さらには国家の成立とのあいだには、通文化的に密接な関係が認められるからである。このことは、前八世紀がギリシア人のアイデンティティ形成にとって画期となる時代だったことを示唆している。

しかし、なぜこの時代にそれまで口承によって伝えられてきた叙事詩が、ホメロスの作品として固定され、人々に受け入れられたのだろうか。そのひとつの理由はフェニキア人との接触にあった。フェニキア人という「他者」と遭遇することによって自らの民族的同一性を再確認することを迫られたギリシア人は、自らのかがやかしい過去の記憶と伝承のなかに精神的なよりどころを求めていった。そのような彼らの心性に、トロイア戦争の栄光をうたったホメロスの叙事詩は強く訴えかけるものをもっていたにちがいない。ギリシア人がフェニキア人から受け継いだ文化要素としてはアルファベットが重要であるが、その導入の発端もまた、商業上の必要性よりはむしろホメロスの叙事詩を文字で固定するためだったのではないかとする説も提起されている。

この時期にギリシア人の関心が過去へと向かったことは、考古学的な証拠からも推察される。前八世紀になると、人々はミケーネ時代に築かれたトロス墓や岩室墓に供物を捧げて遠い祖先との精神的紐帯《ちゅうたい》を確認するとともに、ミケーネ時代の集落や聖域の廃墟で祭祀をおこなうようになった。中部ギリシアのデルフォイ、エギナ島のアファイア、アルゴスのヘライオン、アルゴリス半島のエピダウロスなどが、その代表的な例である(この点で、オリュンピアはやや例外的である)。これらの聖域にはやがて大規模な神殿が建立され、それはさまざまな奉納品で美しくかざられるようになった。

考古学的な調査からは、この時期にアテネやアルゴスなどの安定した集落で墓の数が急激に増加したことも明らかにされている。この現象が都市への移住による人口の増加を反映しているのか、あるいはむしろそこに葬制の変化をみるべきか、議論は分れている。しかし、ここでも重要なことは、墓の数よりもむしろそれらがまとまって墓域を形成するようになった事実である。というのも、墓域の成立は、裏を返せば、墓を造営してはならないことが社会的に同意された区域、すなわち都市域というものが明確なかたちで成立していたことを証言しているからである。初期鉄器時代をとおして増加傾向にあった墓の副葬品は前八世紀なかばをすぎると激減してしまうが、それは青銅製品などが、個人の墓ではなく共同体の聖域に奉納されるようになったことと対応している。

文字、大規模な建築物、そして都市が復興した前八世紀は、しばしばルネサンスの時代と呼ばれている。しかし、近世のルネサンスが古代ギリシアやローマの文明からインスピレーションをえながらも独自の文明を花開かせたように、前八世紀のルネサンスもまた過去のミケーネ文明の文字どおりの「再生」ではありえなかった。文字としては、経済管理の手段として書記だけしか操ることのできなかったミケーネ時代の線文字Bにかわって、誰もが自由に使うことのできる簡易なアルファベットが普及していく。支配者のための宮殿は、神々のための神殿に取ってかわられる。都市そのものも、ミケーネ時代のメガロンのような王の座所ではなく、人々が集って自由に意見を交換できる広場(アゴラ)を中心に広がるようになる。前八世紀に生じたこれらのさまざまな変化の背景にあったもの、それこそがポリスの成立だったのである。

第二章

ポリスの時代

1 ポリスの誕生

ギリシア・ルネサンス

東地中海にオリエント文明の影響を受けながらも、それとは異なるミケーネ文明を築いた古代ギリシア人は、前十二世紀以降の低迷期をへた前八世紀に、「ルネサンス(再生)」ということばにふさわしく躍動的で個性豊かな歴史をきざみ始めた。ミケーネ時代に盛んであったオリエントの世界との接触は一時中断していたが、前十世紀ころに再開され、前八世紀にはますます活発になっていた。シリア沿岸アルミナなどにギリシア人の交易拠点が築かれ、エジプト、シリア、キプロスなど各地からの文物がギリシアにもたらされ、それらはギリシア文化の発展に大きな刺激を与えた。

本章が対象とする前八世紀からの約四〇〇年間は、古代ギリシアがその独自性をつちかい、開花させた時代である。この時代は、その特徴から、さらに二つに区分されている。その前半はほぼ前八世紀前半から前六世紀末までに相当する時期で、アルカイック期あるいは前古典期(後続する古典期に先行する時代の意)と呼ばれている。前古典期はギリシアの独自性が徐々に形成されていく躍動に満ちた時代であった。それに続く古典期は、独自性を明確にしたギリシアの文化が、より彫琢《ちょうたく》、洗練され、ひとつの高みに達した時代である。古典期に比べ前古典期にかんする研究は、同時代の文献史料が少ないため考古史料に依拠する度合が強い。そのため、前古典期と古典期とでは研究の方法、内容にズレがあり、また、叙述の精粗にも差が生じている。以下、一・二節において前古典期を、三・四節で古典期を論じる。

最近までの発掘成果から、前八世紀にギリシア各地で人口が急増し、生活は、物質的にも精神的にも豊かになり、多様性を高めたことが明らかとなっている。この世紀についてなによりも特筆すべきは、ポリスの誕生である。ポリスとは古代ギリシア人が生み出した独特の性格の小規模国家であって、広義には都市国家と呼べる。しかし、ポリスは歴史上のさまざまな時代にさまざまな地域にあらわれた都市国家のなかでもほかとは異なった独自性を有し、それが古代ギリシアの政治・社会・文化の本質を規定する結果となったことを考慮すれば、都市国家という呼称よりも、ポリスという語を用いるほうが適切であろう。

ポリスは、理念的に説明するならば、アクロポリス(原義は高所の城塞)と呼ばれる丘の上に守護神を

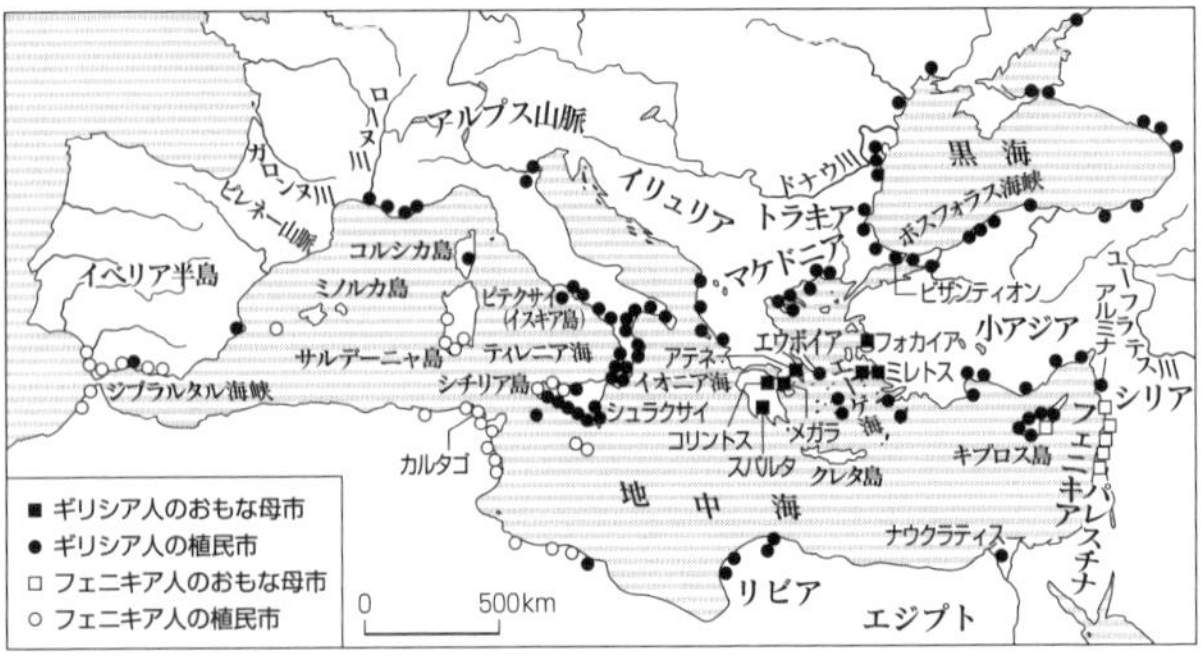

前6世紀ころのギリシア

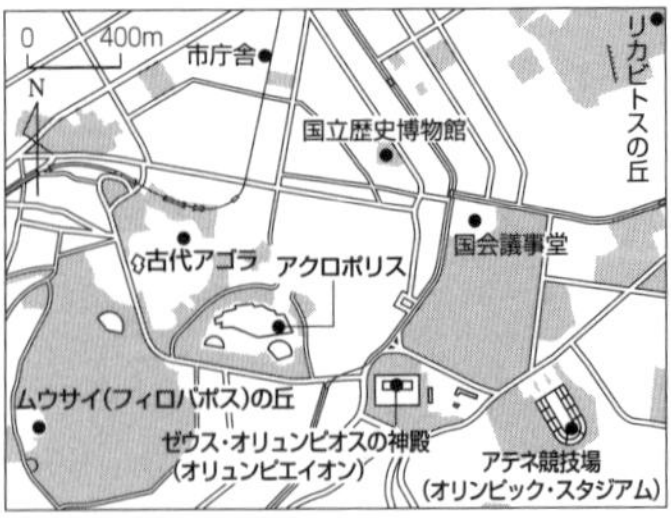

現代のアテネ中心部

古代のアッティカ

古代の中・南部ギリシア

祀る神殿を建立し、丘の麓にこの守護神への信仰をともにする人々が寄り集まって形成された共同体国家であって、絶対的権力を行使する支配者は存在していなかった。アクロポリスの周辺には共同体成員たち(以下市民と呼ぶ)が集落を形成し、その一画には彼らが集まって国を運営するための諸事を決定する集会の場所(アゴラ)があった。市民は政治と軍事を共同で担い、ポリスの命運を自分たちで決定した。ただし、前古典期には、おもに貴族がその決定にあずかり、戦術の変化や経済的な環境変化(六三頁参照)に応じてしだいに平民たちにも参加の道が開かれた。市民は男性に限られ、その大半は農民であり、彼らの生活を支える農地が居住地の外側に広がっていた。前古典期からヘレニズム時代にいたるまで、優に一五〇〇近いポリスが存在したとみられる。ただし、多くのポリスはせいぜい数千人の市民からなり、少なくとも一万人近い市民を擁したスパルタや、最盛期に市民数が三万〜四万人に達したアテネは例外的であった。

このように古代ギリシア人は多数のポリスに分属し、ついに統一国家を形成することはなかった。その理由について、明確な答えはだされていない。ヘロドトスの『歴史』第七巻第一〇二章に、ペルシアに亡命していたかつてのスパルタ王デマラトスがペルシア王クセルクセスに、「ギリシアにとってつねに貧困はともに育った兄弟のようなものであり、徳は知恵と厳格な法によって体得したものである。この徳でもってギリシアは貧困に対処し、専制支配を打破してきたのだ」と説明したとある。この記述が示すように、ギリシアの土壌が相対的に貧弱なうえに広大な平野がないため、巨大な富を集積させて強力な支配者の地位に君臨するような存在が出現しにくかったこと、山岳が多く、近隣のポリスとの交流が、至難ではないにしても容易ではなかったことが、おもな理由としてあげられるかも知れない。

なお、古代ギリシア世界全体を眺めるならば、複数のあるいは単独の村落がポリスよりもゆるい枠組みの国家を形成する地域もみられる。そのような国家は、エトノスと呼ばれているが、エトノスはけっして単一の特徴でくくられる政治形態をもっていたわけではない。古代ギリシア人の活動の舞台となった世界のなかにポリスが分布する地域とエトノスが分布する地域とが併存するが、概して前者のほうが前古典期と古典期を通じて先進の地であった。エトノスにかんする研究は最近ようやく活発になってきたにすぎず、その全体像を描くことは困難であるが、少なくともポリスの前身がエトノスであったという発展の図式はいまや退けられている。

前八世紀なかば近くにはフェニキア文字を借用してギリシア文字も考案された。口誦詩としてうたい継がれてきたホメロスの叙事詩やヘシオドス作の『仕事と日』(六五頁参照)などの詩が文字化された。文字の考案はポリスの政治機構の整備にも影響する。ヘシオドスの作品にみられるような貴族たちエリートのあいだで独占されていた法は、文字に定着すると一部の共同体構成員のあいだでの恣意《しい》的運用は困難となり、より客観性を高めることになる。現存する最古の成文法は、クレタ島ドレーロスから出土した石にきざまれた前七世紀の法である。「ポリスは以下を決定した。コスモスの役職にあった者は、以後一〇年間コスモスとなってはならない。もしコスモスとなるならば、いかなる裁きをくだしたにせよ、彼は二倍の科料に服し、また、役職に就く権利を終身失い、また、彼がコスモスとしてはたしたことは無効となる。宣誓は以下の者がおこなう、コスモスとダミオイとポリスの二〇人」。この法は、コスモスの職を経験した者が連続して同じ役職に就くことを禁じ、再任の場合は一〇年を経たあとでなければならない、と定めている。コスモスは、同じクレタ島のポリス、ゴルテュンにも存在した高位の役職者である。特定の者に権力が集中することを防ぐ努力をこの法にみることができる。クレタ島ばかりでなく各地に立法家があらわれ、人々の尊敬を集めるとともに、ポリスにおける法の整備を徐々に進めた。文字の使用は、文化の面においてだけでなく、社会全体の質の転換をうながしたのである。

植民活動――ギリシア世界の拡大

同じ前八世紀にギリシア人は地中海沿岸各地に進出し、適地を見つけると定住してあらたなポリスを建設する活動、すなわち植民活動を始めた。この植民活動は以後約二〇〇年にわたって展開されることになる。先陣を切ったのは前八世紀のなかばころにエウボイアからピテクサイ（ナポリ湾に浮かぶ島、現在のイスキア島）へ移住した人々であったが、そのすぐあとにはコリントス人がシチリアに渡り、シュラクサイを建設した。当初はギリシアに少ない金属資源などを求めての交易を目的とした営為だったようだが、まもなくピテクサイ、シュラクサイとともにポリスとしての建設に移行し、つぎつぎと移住者たちが後続した。以後大植民時代と呼ばれるこの約二〇〇年のあいだに、シチリア、南イタリア、アフリカ北岸のリビア、黒海沿岸などに植民市がさかんに建設された。この大規模の植民活動は、前八世紀に顕著となった人口増大による農地不足の解決が主要因であったが、スパルタによるタラス建設のように、国内の政争の解決策として実施されるものもあった。また、エジプトのナウクラティスの場合は、ギリシア人商人たちがエジプト王の許可をえてつくった交易基地であった。

植民によって、ギリシア人の活動する世界は地中海全域に拡大し、それにともなって交易活動も盛んになった。物資の移動が大規模、広範囲に進み、経済活動が活発化した。平民のなかには貴族に劣らぬ富を築く者もあらわれた。このような動きが始まった時期は、ギリシア本土や、エーゲ海に浮かぶ島々、小アジア沿岸につぎつぎとポリスが誕生した時期と重なる。つまり、ギリシア人の植民活動の前提としてポリスの成立があったのではなく、植民活動を含む大きな時代のうねりのなかの複数の要因が相互に作用し、結晶化した結果がポリスの成立であったとみられる。いいかえれば、ポリスは暗黒時代をへて安定した生活に踏み出したギリシア人たちが、経験に学び、工夫を重ねて編み出した国のあり方であった。

ギリシア人の居住地がエーゲ海周辺から地中海沿岸各地へと拡散し、しかも、それぞれが独立したポリスとしての歴史を歩むことになるにもかかわらず、彼らは文化的に相違を拡大するよりも、むしろ共通の文化をより内容豊かに育てていった。その際の接着剤の役割をはたしたのが、ホメロスの叙事詩だったと考えられる。ヘロドトスはギリシア人について、「血を同じくし、言語も同じで、神々の社も生贄奉献の儀礼も共通であり、生活習慣も同じ」であると述べている(七頁参照)が、ギリシア人としてのアイデンティティを構成する文化的な諸要素が具体的に形成されたのは前八〜前七世紀のあいだであった。

ヘロドトスが指摘する共通の神々については、少し説明が必要であろう。ポリスはそれぞれが固有の守護神(たとえばアテネはアテナ、サモスはヘラというように)をアクロポリスに祀ってそこに神殿を建立し、住民の居住地はアクロポリスの周辺に広がっていた。もちろんポリス内には守護神のほかにも多数の神々の神域、神殿が存在し、人々の信仰の対象となっていた。このようなそれぞれのポリスに固有の神々とは別に、ギリシア人は、ヘロドトスが述べているように、全ギリシア的な神々(神々の名前はゼウス、ヘラ、アテナなど、ポリスの守護神と変わりない)への信仰を共有していた。全ギリシア的な神域としては、オリュンピア、デルフォイ、ネメア、イストミアがあり、そこで催される祭典にはギリシア世界各地から人々が参加し、また、諸ポリスが奉納品を献上した。これら四大神域のなかでもとくに前二者が重要であった。

オリュンピアはペロポネソス半島西部のエリス地方に位置した。ゼウスを祀るこの神域では前七七六年(あるいはその後まもなく)に第一回オリュンピア祭の競技会が始められて以来、ローマ時代の四世紀後半にいたるまで四年に一回開催された。はじめは近隣の有力者たちが参加するだけであったのがしだいにペロポネソス半島全域、さらには全ギリシア世界から参加者がやってくるようになり、前七世紀には全ギリシア的《パンヘレニック》な神域としての地位は確立した。ただし、建造物や記念碑などの存在が考古学的に確認できるのは前七世紀の末になってからである。神域と競技会の管理・運営をめぐって近隣の町エリスとピサが争ったこともあったが、前六世紀前半以降はエリスが主催権を確保した。

パルナッソス山南麓に位置するデルフォイが全ギリシア的な神域になったのは、カルキスやエレトリアが植民者を派遣するときにこの神域の主神アポロンに神託伺いをした、前八世紀なかば以降であるらしい。その後、アポロンの神託の威力はギリシア世界ばかりでなく、リュディアやペルシアにまで聞こえるようになった。この神域の管理を担当したのが、周辺に居住する人々が構成するアンフィクティオニア(隣保同盟)と呼ばれる管理運営機構であったことは、前五世紀の史料で知られている。このアンフィクティオニアにテッサリア人、フォキス人、ロクリス人、ボイオティア人など北西部に定住するギリシア人がそれぞれ二票の投票権をもつ構成員として参加していることは、ほかにペロポネソスのドーリス人やイオニア人も参加していたとしても、上記の人々がそれぞれまとまりをもった集団(エトノス、六〇頁参照)を形成していたことを示している。前六世紀初めに、この神域への巡礼者にクリサ(またはキルラ)が通行税を課したため、テッサリア、アテネなどがクリサを攻撃した(第一次神聖戦争)。デルフォイの神域管理権をめぐる争いだったのであろう。アンフィクティオニアが結成されたのは、この戦争後のことらしい。

初期のポリス

ポリスの政体は、初期には貴族が政治の実権を掌握する貴族政であった。当初に王政のポリスがあったとしても、王の権力は絶対的ではなくて、ほどなく貴族政に移行する。初期のポリス内の貴族と平民の関係は、前七〇〇年ころの農民詩人ヘシオドスの『仕事と日』のなかにうかがうことができる。

ヘシオドスがその生涯のほとんどを過ごした小村アスクラはボイオティア地方に位置し、そこは住民がポリスではなくてエトノスとして組織されることになる地方であったが、前八世紀のギリシアの村落共同体における貴族と平民の関係は、地域による差異はさほど大きくはなかったと考えてよいだろう。『仕事と日』から知られるヘシオドスは、自分の農地(私有地)と奴隷、家畜を所有し、農繁期には別に雇い入れた労働力を使う自立した農民である。彼自身は政治に参与していないが、裁判権を掌握している貴族たちが賄賂《わいろ》を受け取って不正な判決をくだしていることに堂々と抗議している。経済的に自立した自由人として、身分的に上級に位置する者に精神的に従属することなく、対等の立場で意見を述べるヘシオドスの姿勢は、前八世紀から前七世紀の村落共同体の特質を伝えていて重要である。

なお、前八世紀から前七世紀のギリシア社会をヘシオドスの作品に基づいて描こうとするのは、この時代の文献史料がごくわずかであるという理由による。ホメロスの叙事詩も、分析の仕方によっては豊富な情報を提供してくれるが、ミケーネ時代の末期から数百年かけて伝承されたその内容には、さまざまな時代の要素が重層的に加わっているため、史料として使用する際には注意が必要である。

スパルタ

ポリスについて個別に論じるとなると、ここでも残存史料の関係でスパルタとアテネを事例として取り上げざるをえない。しかし、両者はポリスの典型ということはできないものの、間違いなくギリシアを代表するポリスであったので、古代ギリシアの歴史像構築には論及が不可決である。

ポリスとしてのスパルタがスパルタ市民《スパルティアタイ》、ペリオイコイ(周辺に住む人々)、ヘイロタイの三身分からなっていたことは文献史料が伝えており、よく知られている。ペリオイコイは自由身分であるが、ポリスの政治への参加は認められず、しかし従軍義務をおう人々であった。ヘイロタイは隷属民としてスパルタ市民一人一人に割りあてられた土地(クレーロス)において農業に従事し、収穫物の一部を農地の保有者である市民に貢納していた。スパルタの正式な国名はラケダイモニオイ(ラケダイモンの人々)といい、この「人々」のなかにはスパルタ市民ばかりでなくペリオイコイも含まれたが、ヘイロタイがラケダイモニオイと呼ばれることはけっしてなかった。つまり、スパルタ社会については、上記三身分制とならんで、自由身分のラケダイモニオイと非自由身分のヘイロタイとを分ける二分法も有効だった。

　このような三身分構成のポリスが成立した経緯については、推測を交えながらではあるが、つぎのように説明することが可能であろう。スパルタは西ギリシア方言のなかのドーリス方言を話すドーリス人たちのポリスのひとつとして、アテネよりもいち早く前七五〇年ころに成立した。ドーリス人はミケーネ文明が終焉したあとにペロポネソス半島に南下してきたギリシア人の一派である（ドーリス人の南下については「序章」参照）。ペロポネソス半島に到来したドーリス人の一部は、ラコニア地方にたがいに隣接する四つの集落をなして定住し、近隣の先住アカイア人を支配下におさめ、さらにアカイア人の最大拠点であるアミュクライを攻略し、これを第五の集落として併合した。これら五つの集落でもってスパルタはポリスとして成立、五集落の成年男子がスパルタ市民となり、国名をラケダイモンとした。つまり、これら五集落の成年男子がスパルタ市民《スパルティアタイ》となった。スパルタ人はラコニア全体を征服し、ラコニアに住む自分たち以外のドーリス人とアカイア人の一部をペリオイコイという身分にし、ほかを非自由身分のヘイロタイとしたとみられる。ペリオイコイは自由身分で、ラケダイモン人のなかに含まれたが、スパルタ市民とは異なり、スパルタの政治に参加する権利はもたなかった。なお、地名ラコニアはローマ人の造語であり、古典期まではラコニケと呼ばれていた。また、一九九三年にテーベから出土した線文字B文書（前十三世紀後半）三枚に「ラケダイモン」という語が記載されていて、注目を集めた。ここから、「ラケダイモン」はミケーネ時代のラコニアの中心部をさす地域名であったという推測がだされている。

さらに、スパルタは建国後まもない前八世紀後半、前七三五年ころに、隣接するメッセニアの少なくとも中央部に遠征し、約二〇年にわたるメッセニア戦争によってこの地方を服属させ、メッセニア人の大半をヘイロタイ身分に、一部をペリオイコイ身分におとしいれた。メッセニアの土地はスパルタ人たちに割りあてられ、彼らは、ヘイロタイとなったその土地のもとの所有者が生産する農作物の一部を貢納物として受け取った。この体制は、前三六九年にテーベがスパルタに勝利してメッセニアを解放するまで続いた。前七世紀末にはメッセニア人の反乱によって第二次メッセニア戦争が生起した、という見方があるが、これは後代の伝承である可能性が高い。

ヘイロタイの数は市民数の十数倍になったであろうから、ヘイロタイが一致団結して反乱を起こしたならば、国家の倒壊を招く恐れは十分にあった。そこで、スパルタはヘイロタイの反乱を防ぐための警戒態勢を最優先する制度、伝説上の人物名を冠したいわゆるリュクルゴス体制を前七世紀から前六世紀までのあいだに徐々に整備していった。市民は軍事に専念し、平時でも毎日、軍事訓練をおこたらず、質実剛健を旨とし、食物を持ち寄って共同で食事をとる、といった規律の厳しい生活を送った。いいかえれば、食物を持参して共同食事に参加できる者がスパルタ市民であって、なんらかの事情で貧窮して土地を手放したために共同食事に食物を持ち寄れない者は、劣格市民に転落した。圧倒的多数のヘイロタイを武力で威圧し、反乱を抑止するためには、市民の結束は固くなければならない。

そのために貧富の差の拡大を防ぐ必要があるスパルタは、経済を停滞させる鎖国政策をとり、市民間の政治的権利をできるだけ平等なものにして、スパルタ市民をホモイオイ（同等の人々）と呼んだ、という説明がこれまでなされてきた。彼らがスパルタの民会構成員として政治、軍事に参加していたことは確かである。しかし、市民のあいだに貧富の差は厳然として存在し、それは前五、四世紀には拡大する一方であって、市民のあいだの平等とはスパルタ社会存続のための一種のイデオロギーであったのだ、という解釈も最近出されている。また、スパルタには民会の諮問機関である長老会が存在し、その権威は高かった。長老会の構成員三〇名中には王の地位にある二名も含まれた。二名の王は基本的には世襲であり、戦争の指揮権を有し、市民たちに尊敬される存在であったが、政治的な権限はきわめて制約されていた。

ペリオイコイはそれぞれの共同体であるポリス（古代ギリシア人はこのように呼んだが、国家としてのポリスではない）に居住し、このポリスのなかでは自治を享受していた。ラケダイモンにはペリオイコイのポリスは一〇〇程も存在していたらしい。ペロポネソス半島東南端のキュテラや半島東岸キュヌリア地方のアンテネもそのようなポリスであった。

厳格なまでにリュクルゴス体制を整備させたスパルタは、前六世紀のなかばまでにはギリシア第一の強国となり、ペロポネソス半島内のポリスであるエリスやテゲアなどと攻守同盟（ペロポネソス同盟）を結成した。アテネが盟主となったデロス同盟の結成は前四七八／四七七年であるから、スパルタは他ポリスに先駆けいち早く国際的な影響力を発揮し始めたということができる。

2 ポリスの発展

アテネ

周辺住民を制圧して、その土地を奪取し、住民を隷属農民として使用したスパルタと異なり、アテネでは市民自身が農地と奴隷を私有し、自分自身で農業経営をおこなった。スパルタのように隷属農民を共同体内に擁するポリスはドーリス型、アテネのような購買奴隷を使用するポリスはアテネ型と呼ばれる。アクロポリスにはミケーネ時代の前十三世紀後半に完成した城壁を除けば、規模の大きな神殿の遺構は前六世紀までさかのぼるにすぎない。他方、古典期にアゴラとして市民生活の中心となっていた遺跡からは、前九世紀に属する際立ってみごとな副葬品をともなう墓が数基出土し、富裕な貴族層が存在したことがうかがわれる。ただし、この区域から墓や住宅などが一掃され、公共建造物が建設されたことが確認されるのは前六世紀になってから、一説には五〇〇年以降である。それ以前のアゴラは古典期のアゴラよりも東方数百メートルの地にあったと推定されているが、いまだ発見されていない。アテネの国土に相当する地域はアッティカと呼ばれるが、このアッティカ地方は前八世

アゴラ出土の墓の副葬品（前850年頃）　古典期のアゴラに相当する地区には前６世紀末以前には墓地と陶器製作所があった。写真の副葬品中の５つの穀物倉模型付きの箱は，被葬者の女性の500メディムノイ級所属を示しているのだろうか。アゴラ博物館蔵。

紀末か前七世紀初めころまでにその全体がアテネを中心に統合され、一つのポリスへと変貌をとげたらしい。それ以前のアッティカ地方では、ミケーネ時代から続くトリコス、マラトン、エレウシスなどを中心とする地域がそれぞれまとまりをもって独自性を主張していたとみられる。

　トゥキュディデスはアッティカの統一について、「テーセウスが王位に就くと、生まれながらの分別と力とをもっていたので、各地の集落の評議場と役人を廃止し、ひとつの評議場と役所（とするようにプラン）を提示して現在のようなひとつのポリスとし、アッティカ全土に秩序をもたらし、すべての人々を集住《シュノイキスモス》させたが、各人には以前からの自分の土地を所有させたまま、そのひとつのポリスを受け入れるよう強制した」と述べている(『歴史』第二巻第一五章第一〜三節)。この記述のうち、テーセウスは、もちろん神話上の人物であるし、そのほかの箇所もどこまで事実を反映しているか疑問は多々あるが、ポリスの行政機関が中心のアテネに統合されたという点は、おそらくそれほど事実とかけ離れてはいないだろう。

ポリスとして成立したアテネでは当初は貴族が政治・軍事の実権を握っていたが、前六世紀初めに社会的混乱が共同体の存立を脅かすほどになった、と史料は伝える。調停者として選ばれたソロンは、前五九四年に社会の改革をおこない、対立する貴族と平民のあいだを調停し、危機的状態にあったアテネに安定をもたらしたといわれる。アリストテレス作といわれる『アテナイ人の国制』によれば、富者と貧民の二極分化が激化していたらしい。「貧民に到っては男も子供も妻も富者に隷属していた、……彼らはペラタイとか六分の一と呼ばれていた」(村川堅太郎訳)と記述されている。奴隷に転落する者までいたという当時の社会をどう解釈するか、限られた史料ではむずかしい。ここでいわれる貧民については、大きく分ければ、債務ゆえに隷属的立場に陥った市民をさすという説と、もともとアッティカの農村には小作農が存在していたのであって、貧民とはそのような小作農をさすという説とに分かれ、結論はでていない。両者のいずれもが存在し、前者は後者とともに二極分化したアテネ社会の下層を形成したというのが、当時の実情であったのかもしれない。それは、ギリシア人の世界が地中海全域に拡大し、経済活動が活発化し始めていた、大きく変容する時代のなかで現出した混乱だったのであろう。

債務のために身体を抵当にいれ、返済できずに奴隷として売却された市民たちも、ソロンによる債務帳消しの政策によって自由を回復し、以後身体を担保とすることが禁じられた。市民は財産額に応じて五〇〇メディムノイ級、騎士級、農民級、労務者級の四等級に分けられ、政治に参加する権利は等級ごとに異なったが、もっとも低い第四等級に所属する者も、少なくとも民会への参加は認められた。危機はとりあえず遠のき、貴族と平民の差は財産の差へと相対化され、民主政実現への動きが一歩前進した。ソロンのこの改革により、以後アテネのポリス共同体成員はすべて自由身分であって、債務奴隷への転落はありえず、奴隷はすべて共同体の外部からもたらされることになった。

ソロンの改革は土地の再分配のような抜本的な体制変更ではなかったし、社会のあらゆる層の人々を満足させるものでもなかった。改革後しばらくすると三つの党派「海岸の人々」「平野の人々」「山地の人々」の対立が表面化してきた。前五六一／五六〇年に「山地の人々」を率いていたペイシストラトスが策を弄して僭主《せんしゅ》の座に就いた。僭主とは、前七〜前六世紀にギリシア各地のポリスであいついで出現した単独の支配者で、おもに貴族間の勢力均衡のくずれたときに非合法的に、ときには暴力的に政権を掌握した例が多く、したがっていずれの場合もその支配は長続きせず、せいぜい父子二代程度であった。ペイシストラトスの場合も、二度の亡命をへながら最終的に前五四〇年代に安定した僭主政の樹立に成功した。ペイシストラトスのもとにアテネの中小農民の生活基盤はより強固になり、政治の安定は文化の充実をも可能とした。しかし、二代目のヒッピアスのもとで暴政が始まると、スパルタが介入を試み、これにアテネ民衆が呼応して僭主政は倒壊した。その後、二年間程のクレイステネスとイサゴラスら貴族たちのあいだの抗争は、民衆を味方につけたクレイステネスが勝利し、前五〇八年に民主政導入の改革を断行した。その後もアテネはスパルタ、ボイオティア、カルキスの攻撃を受けるが、これら外部勢力を無事に撃退し、改革の成功を強く印象づけた。

発展と変貌の諸相

前古典期にはスパルタやアテネ以外にも各地に個性豊かなポリスやエトノスが成立した。それを伝える文字史料はわずかに残るだけであるが、近年の活発な発掘活動は少しずつその実像を明らかにしてきている。以下において地域ごとに発展の状況を概観しておこう。

ギリシア本土中央部　ギリシア世界のなかでもいち早くポリスが成立したのはエウボイア島においてであった。アルミナなどレヴァントの複数の地で多数のエウボイア産の土器が出土しているが、それはこの島の人々が積極的に東方との交易に手をそめていたことを示している。そのような経済的な先進性がカルキスとエレトリアというポリスの成立、さらには、両者が競ってあるいは共同でおこなった植民市建設に結びついたのであろう。一方で両ポリスがたがいを隔てて広がるレラントス平野で、周辺の諸ポリスをも巻き込んで始めた戦争(レラントス戦争)は、ギリシア人の最初の国際的な陸戦であったらしい。

アテネと国境を接するメガラも前七二八年という早い時期にシチリアに植民市メガラ・ヒュブライアを、前六八五年に黒海への入り口にカルケドンを建設し、前六六八年ころにはビザンティオンを他ポリスと共同で建設している。前七世紀なかばにはテアゲネス（在位前六四〇?〜六二〇?）が僭主の座に就き、娘婿であるアテネ人のキュロンがアテネ僭主の座をねらって企てた反乱（前六三二年）を支援したが失敗し、サラミス島領有をめぐるアテネとの争いは、ソロン、ペイシストラトスの治世をへて、前六世紀末にアテネが勝利するまで続いた。交通の要衝にあり、たえず近隣諸国の脅威にさらされていたメガラは、前五〇〇年ころにスパルタの同盟国となる。

サロニカ湾に浮かぶアイギナ島のポリス、アイギナも早くから商業ポリスとして繁栄し始め、前七世紀後半には同島出身の商人ソストラトスがジブラルタル海峡（ヘラクレスの柱）の西まで到達するほど広範囲の交易をおこなって巨万の富を築いたらしい。ギリシア世界のなかで最初に貨幣を発行した（前六世紀前半）のもアイギナである。前六世紀末からアテネとの対立が始まり、両国間の海戦は前四九〇年にペルシア軍がギリシア侵攻を企てたあともおさまらなかった。

キクラデス諸島のなかのデロス島を取り巻くように浮かぶ島々、ケオス、シフノス、パロス、ナクソス、ミュコノス、テノスなどでは前一〇〇〇年ころにイオニア人が定住し、デロスのアポロン神域が彼らの信仰の中心地となった。アテネのペイシストラトスはデロスの神域の浄めをおこない、アテネと同島の結びつきを強化した。キクラデス諸島南のメロス、シキノス、テラなどには前九〇〇年ころからドーリス人が移住した。前八世紀から前五世紀までそれぞれの島は独立したポリスとして貴族政がしかれた。諸島最大の島ナクソスは前七三四年ころにシチリアに建設された最初のギリシア植民市ナクソスをエウボイアのカルキスとともに建設した。

また、デロス島のアポロン神に多数の建造物や彫像を奉献している。同島最古の宗教的建造物は、前七世紀にナクソスが建造した「ナクソス人の家」である。アテネのペイシストラトスが介入する以前にデロス島を支えていたのはナクソスであった。この島から出土した神殿や彫像はナクソスの豊かさと優れた工芸技術を伝えている。ペイシストラトスの介入で成立したリュグダミスの僭主政は前五二五年ころに終わるが、その後のナクソスはキクラデス諸島における第一の強国として、ほかのポリスへの影響力を一層強めた。

小アジア(アナトリア)沿岸の島々(ドデカニサ諸島)

諸島内最大の島ロドスに前十世紀のあいだに定住したドーリス人は、リンドス、イアリュソス、カメイロスの三ポリスを形成し、シチリアにゲラ、リュキアにファセリスを建設した。リンドスのアテナ・リンディアの神域は前十世紀ころまでさかのぼるらしい。キオス島には前九世紀にエウボイアからの植民者によるポリスが成立し、スパルタのヘイロタイを除けばギリシア世界で最多数の奴隷を使用して経済的に繁栄した。前六世紀中葉に刻字された法令の碑文によれば、キオスは交易を活発におこない、その範囲はエジプトや黒海沿岸、西地中海にまでおよんだ。キオス産の輸送用アンフォラは南ロシアからも出土している。一時リュディアのクロイソス、ペルシアのキュロスと協定を結び、親ペルシアの僭主が支配したが、イオニアの反乱(八五頁参照)では指導的役割をはたした。サモス島の南東に位置した同名のポリスも肥沃な土地にめぐまれて豊かで、島の対岸の小アジアに有していたペライア(海外領)で奴隷による穀物栽培をおこない、輸送用アンフォラ、オリーヴ油、縮絨《しゅくじゅう》用の土などを輸出した。ヘラ神殿は前八世紀前半(前七二五年までさげる見解もある)の建立で、奥行約三三メートル、幅約六メートルの大建築であった。前六世紀の僭主ポリュクラテス(在位前五五〇頃~前五二二)の時代の繁栄ぶりはヘロドトス『歴史』第三巻第三九~四八章の記述にもうかがわれる。彼の宮廷にはイビュコスやアナクレオンのような詩人や芸術家たちがおとずれる一方、ピュタゴラスのようにその僭主政を逃れてイタリアへ移住する者もいた。ヘロドトスが言及する港の防波堤、市内への水路が付設された全長一キロ強のトンネル(現存する)、大神殿(同書第三巻第六〇章)はいずれもこの僭主によるものであったらしい。

クレタ、エウボイアについでエーゲ海第三に大きな島レスボスにはミュティレネ、メテュムナ、ピュッラ、アンティッサ、エレソスの五ポリスが分立し、海上交易で栄えた。この島は前十世紀ころに最初に定住したギリシア人がアイオリス方言を話したので、アイオリス方言の地域に分類されているが、その文化は先住民の文化のなごりをとどめて独特であり、たとえば、キュベレ信仰も島の数カ所で続いていた。レスボスは前六〇〇年ころにシゲイオンの領有をめぐってアテネと対決し、ペイシス

コリントス産陶器(前7世紀)　前古典期に商業都市として繁栄したコリントスの陶器は，オリエントの影響が明らかな，実在あるいは架空の動物の文様が特徴的である。左：マドリード国立考古学博物館蔵，右：個人蔵。

トラトスによって奪還されるまで一時ここを領有した。富裕な貴族による独特の文化が生み出され、サッフォー、アルカイオスのような詩人、歴史家ヘラニコス、哲学者テオフラストスらを輩出した。

ペロポネソス半島　ペロポネソス半島ではスパルタとならんで、アルゴスとコリントスがとくに有力ポリスであった。コリントスはコリントス湾とサロニカ湾に挟まれた地峡とコリントス湾沿岸の肥沃な平野にめぐまれ、前十世紀末からコリントス湾沿岸各地との交易をおこなっていたが、前八世紀後半にはケルキラやシュラクサイ(シチリア)を建設した。独特の文様のコリントス産陶器は、広くギリシア世界の全域に輸出され、前六世紀なかばにアッティカ産陶器にその座をゆずるまでそれは続いた。スパルタやアテネと異なりコリントス人は手工芸を蔑視せず、さかんにこれをおこない、ドーリス式、コリントス式の神殿建築様式を他ポリスにも広めた。コリントスでは貴族バッキアダイによる寡頭《かとう》政、ついで前七世紀なかばから前六世紀初めまでキュプセロス(在位前六五七?～六二七)、ペリアンドロス(在位前六二七～五八七?)の父子による僭主政、その後は寡頭体制がしかれた。前六世紀なかばにはアルゴスを牽制し、スパルタと同盟を結んだが、地理的位置関係からアテネとの関係にも慎重であった。

アルゴスは僭主フェイドンの治世(在位前六八〇?〜前六六〇)に対スパルタ戦に勝利し、ギリシア第一の強国となったが、それは彼が重装歩兵の密集対戦術を創始したことによるとみられている。これまでのところ最古の重装歩兵用甲冑《かっちゅう》(前七二〇年頃)はアルゴスから出土している。

北西部(ボイオティア、テッサリア、エペイロス、マケドニア、トラキア沿岸)　『イリアス』第二巻の「船のカタログ」によれば五〇隻の船を繰り出してトロイア遠征に加わったことになっているボイオティアは、ヘシオドスの『仕事と日』の記述によってはじめて歴史の舞台に登場した。テスピアイ、プラタイア、タナグラ、テーベなどの比較的大きな都市が、周辺に居住する住民を配下におさめていたらしい。これらの都市は共通の文化、方言、宗教などで結ばれており、その多くは前六世紀最後の四半期までにはテーベの指導のもとにボイオティア連邦を形成した。

内陸性の気候で肥沃な土壌にめぐまれたテッサリア地方は、豊富な穀物生産と馬やその他の家畜の飼育で知られていた。バルカン半島北方のテッサロイと自称する人々が南下してしだいにギリシア人と融合し、アイオリス方言を話すテッサリア人となったらしい。テッサリア人はゆるい連邦組織のエトノスを形成し、エトノス内の諸都市はそれぞれ貴族による寡頭政がおこなわれており、全体はアルコスあるいはアルコンと呼ばれる行政官の支配下にあった。前六世紀後半にはラリッサのアレウアスがテッサリアを四地区に分け、軍制の改革を実行したらしいが、改革の具体的内容も改革以前の軍制も明らかではない。

ロクリス人は、おそらくフォキス人の侵入により東と西の二地域に分れ住むようになった。南ロクリスでは連邦国家が形成され、前七世紀にはイタリアに植民市を建設、前五世紀までにオプスを首都とする寡頭政権が確立した。西ロクリスは南よりもゆるい連邦をなし、政治制度の確立も遅れた。しかし、東西の両ロクリスは親族の関係があるという自覚のもと、密な結びつきをもっていた。

マケドニア、トラキア地方は広大な土地と豊かな資源にめぐまれ、馬やその他の家畜飼育にも適した地域としてテッサリアと共通点がある。マケドニアは、文字史料が碑文も含めてごくわずかであるため、この地域についての時系列的歴史像の構築はいまだ不可能である。近年の発掘成果はこれらの地域に、もはや集落が散在する段階ではなく、ある程度定住地の集中化が進んだ場所が相当数存在していたことをうかがわせるが、テッサリアと同様に階層制度は域内全体におよぶものが成立していたものの、統治機構は未発達であった。トラキアではトラキア語を話す人々のエーゲ海北岸定住は前十世紀ころからで、前古典期にはオドリュサイ部族からでた王朝が支配する多部族からなる王国が成立していた。

エペイロス地方は湿潤で、冬の気温が低く、移牧をともなう牧畜がおもな生産活動であった。地形上北方のイリュリアやマケドニアとの関係が深く、マケドニアと類似の歴史をたどったらしい。古典期以前には『イリアス』（第二巻第七五〇章・第一六巻第二三四章）でも言及されているドドネの神域を除いてほとんど文献に言及はない。この神域はゼウスの神託をくだすところとして知られていた。アイトリアはコリントス湾の北部沿岸に位置しながら良港にめぐまれず、古典期にいたるまで経済的に後進の地で、略奪行為が広くおこなわれていたらしい。この地がエトノスとして組織されるのは前五世紀になってからであった。

クレタ　クレタでは葬制や宗教的慣行に暗黒時代から前古典期までの連続性がみられる点が、ほかの地域と比べユニークである。しかも祭祀がおこなわれた場所は洞穴や山頂などの野外で、前七〜前六世紀にいたるまで神殿のような建造物は少なかった。ただし、ドレーロス、ゴルテュン、プリニアスなどではギリシア中央部と同様に前八世紀末から前七世紀に神殿建設の現象がみられるが、それでも、クレタの神殿は内部に供犠用の炉や壁にそって備えつけのベンチがあるなど、構造上の相違がある。また、中央部ギリシアではポリスの成立にみられるように前八世紀に社会が再編成された痕跡が考古学的にもみられるが、クレタではこのような顕著な現象は前八世紀にみられず、むしろ、前六〇〇年ころから前六世紀を通じて宗教面でも日常生活の面でも考古史料が極度に減少することが指摘されている。これは人口の大幅な減少と説明されることがあるが、この「沈黙の時期」に碑文史料が減少していないことはどう説明すればよいのか。今後、前六世紀初頭の解明はクレタの歴史研究のうえでもっとも重要な課題となろう。

前古典期の文化

前古典期にギリシア人は活動の範囲を数倍にも拡大し、定住の場所を広大な領域に拡散させたが、それにもかかわらず彼らは前古典期末までにはギリシア人としての集団的アイデンティティを鮮明に自覚するようになり、他民族の文化と明確に一線を画する特質を有するギリシア文化を築き上げていった。このようなギリシア人自身のアイデンティティは所与のものとしてすでに存在していたのではなくて、前古典期のあいだに徐々に形成されたものであった。オリュンピアやデルフォイのような神域が全ギリシア的な聖地としての評価を確立したのがやはり前八世紀ころであって、前九世紀あるいは前十世紀でないことからも、それはいえるであろう。

そのようなアイデンティティ形成の要となったとみられるのは、先にも触れたホメロスの叙事詩『イリアス』と『オデュッセイア』であった。先述のヘシオドス作『仕事と日』や『神統記』には、前古典期初期にギリシア人が経験した精神の覚醒をうかがうことができる。叙情詩の分野でもアルキロコス、サッフォー、テオグニス、ピンダロスら優れた詩人たちの作品が断片としてではあるが相当数残存している。ピュタゴラスやクセノファネス、タレースらも哲学的な思索の成果を韻文で表現した。少女たちを集めて詩作や歌舞を教えたサッフォーにみられるように、前古典期には女性の文化的活動はかなり活発であったとみられるが、政治が優先されるつぎの古典期には女性の社会的な活動の場はきわめて制限されることになる。

美術、工芸の分野ではオリエントの影響を強く受けた時代(七九頁図版参照)をへて、厳格様式と呼ばれる彫刻の様式も確立し、各地域の独自な特徴をもつ陶器の生産もさかんになった。とくにアテネでは前七世紀に黒像式陶器、前六世紀に赤像式陶器の華麗な作品が大量に製作されはじめた。

3　民主政の成立と二つの大戦

クレイステネスの改革

前古典期に誕生した国々(ポリスもエトノスも含め)は、古典期にはギリシア世界という大きな枠組みのなかでさまざまな対立関係や友好関係の組合せをそのつど選択しながら、全体としての政治的な統合はしようとしなかったものの、同じギリシア人というアイデンティティをより鮮明にしていった。このようなユニークな政治地図を描きつつ、古典期にギリシア人は独自の文化をつくりだしたが、その文化はのちに成立するヨーロッパ世界のいしずえのひとつとなるばかりでなく、人類のすべてにとって共通の遺産となって今日にいたっている。この時期にもっとも華々しく活躍したアテネは、すでにクレイステネスの改革によって民主政の基礎を築いていた。彼は前節でふれたようにイサゴラスとの政権争いのなかで、民衆を味方につけて勝利をえるために彼らに受け入れられる政策を提案し、これが民主政成立につながったと説明されることが多い。しかし、改革の内容が以下に示すようにこみいっていたことを考慮すれば、クレイステネス個人にその改革のすべてを帰すよりも、僭主政の時代以来のアッティカ地方の発展を基盤に、民衆の意識の覚醒がこのような制度の成立を可能としたと解釈したほうがよいと思われる。

クレイステネスの改革では、人為的な社会集団である一〇部族(フュレー)が創設され、従来の四部族制にかわる一〇部族制が導入された。自然発生的に成立していた村落(デーモス)は、新設の部族の下部組織として再編成され、これがポリスの最小行政単位となった。以後アテネ人は前古典期以来の組織であるフラトリアへの登録に加え、父の所属するデーモスに十八歳時に審査をへて登録されることが、市民となるための要件となった。また、五〇〇名からなる評議会を新設し、この評議会が主要な行政を担当し、市民総会である民会、一般市民が陪審員として判断を下す民衆法廷とともにポリス運営の三本柱となった。評議委員の任期は一年で、重任は禁じられ、一生に一度の再任のみ可能であった。このような規定には陶片追放(僭主となる恐れのある人物を投票による多数決で追放する)の制度とともに、権力が特定個人に集中することを回避しようという意図が認められる。民主政の基本的な構造が設定された当初は、いまだ貴族と富裕層にポリス運営のための主要な権限が認められていたが、前四六二年のエフィアルテスの改革で貴族の牙城であったアレイオスパゴスの会議から殺人にかんする裁判権などを除きすべての権限が剝奪された。さらにその後も行政担当役人就任の権利が最下層の市民にまで広げられ、将軍職などのような特別な力量が必要とされる役職を除き、ほとんどすべては抽選制となるなど民主政の整備は進み、前五世紀のなかばころまでには、貧富や出自のいかんを問わず市民の誰もがほぼ平等に政治に参加できる制度ができあがった。これが徹底民主政あるいは完全民主政と呼ばれる制度である。

ペルシア戦争

前五世紀のあいだにギリシア人は二度の大戦を経験したが、そのうち初めの大戦は、異民族ペルシアとの戦争であった。前哨戦は前四九九年に始まった。東の隣国ペルシアがリュディアを征服して小アジア全体を配下におさめた前五四七年以来、エーゲ海東沿岸のイオニア地方に点在するギリシア人の諸ポリスもペルシアに貢租を支払い、服属していた。その諸ポリスがミレトスの指導のもとに前四九九年にペルシアからの独立を企て、反乱を起こした。これを「イオニアの反乱」と呼ぶ。これは失敗し、ペルシア王ダレイオスは反乱を支援して軍船を派遣したアテネとエレトリアにたいする制裁という口実で、前四九〇年にギリシア本土への遠征を実行した。ペルシア軍はアッティカのマラトン平野に上陸して、これを迎え撃ったアテネとプラタイアの陸軍に、激戦の末敗れ、撤退した。一〇年後の前四八〇年にダレイオスの後継者クセルクセス王の指揮する大軍がふたたびギリシア本土に侵攻を始めた。ペルシア軍を迎え撃つギリシア側の諸ポリスは、コリントス地峡に集まって会議を開き、ギ

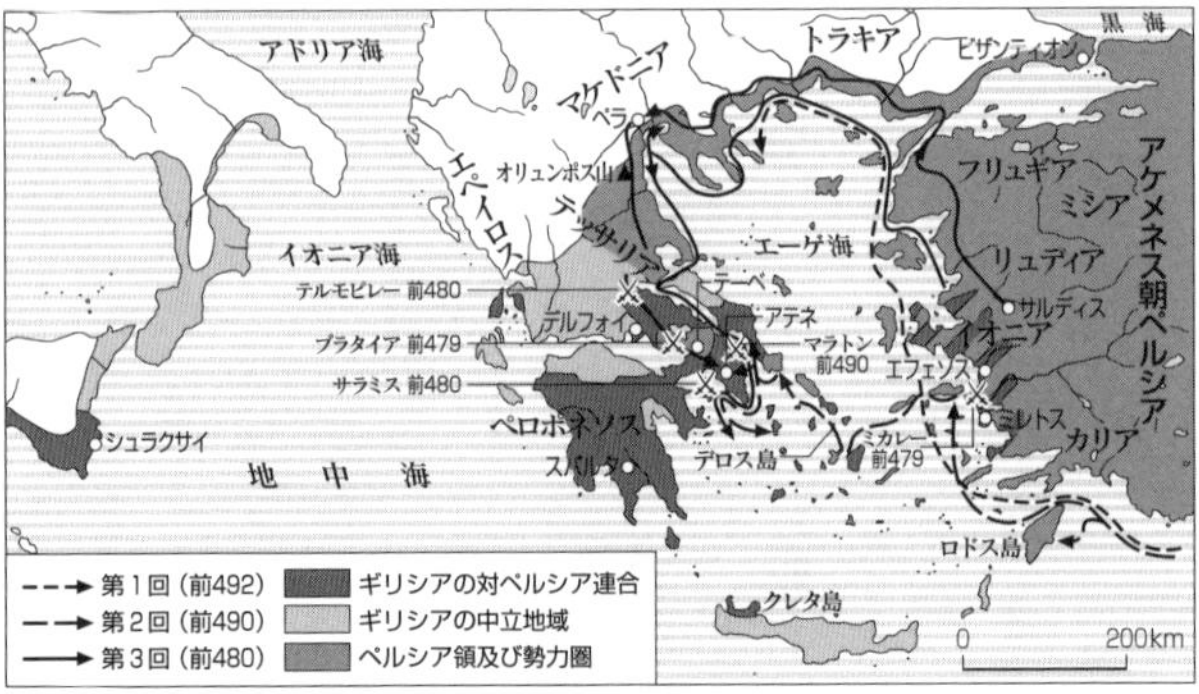

ペルシア戦争

リシア世界内の対立を一時停止し、ペルシア軍侵攻に共同して対抗するための同盟、すなわちヘラス同盟を結成した。加盟国の詳細については明らかでないが、ペロポネソス同盟参加諸国が中心で、ヘラス同盟の指導者もスパルタであった。

当時のスパルタは、前六世紀のあいだにリュクルゴス体制を確立し、軍事的に最強にして不敗の国とみなされていた。しかし、市民がペリオイコイやヘイロタイを支配するという寡頭政の体制のもとで、市民のあいだの平等理念を浸透させていたスパルタは、僭主をきらい、ペロポネソス半島内部ばかりでなく、島々からも僭主政を排除するという方針を標榜し、また実際に前六世紀後半にはアンブラキアやサモスの内政に介入してその方針を実行したため、僭主政からの解放者という評価が定着していた。他方、国内ではヘイロタイへの警戒をゆるめることはけっしてなく、リュクルゴス体制は維持されていた。

もう一方の雄アテネは、クレイステネスの改革後に成立した民主政のもとで市民たちが一体感を強めていた。それはアッティカ東南部ラウレイオンのマロネイア鉱山で前四八三／四八二年に新しい銀の鉱脈が発見されたとき、ここからの銀収入について、市民のあいだで分配するという案を退け、対アイギナ戦のための三段櫂船建造にあてるという決議を民会がだしたことにもあらわれている。こうして、二〇〇隻（一〇〇隻という説もある）の軍船が建艦されたという。この軍船建造決議は政治家テミストクレスの提案によるもので、その後アテネが海軍国として対ペルシア戦で、めざましい戦果をあげ、大国となったことを考えれば、彼には先見の明があったというべきであろう。

前四八〇年夏にギリシア本土侵攻を始めたペルシア軍はさしたる抵抗も受けずにテルモピレーまで到達した。他方のヘラス同盟側は、陸上はテルモピレー、海上はエウボイア島のアルテミシオン沖でペルシア陸海軍を撃退するという作戦を立て、実行した。しかし、テルモピレーでレオニダス指揮下のスパルタ軍が壮絶な戦いの末に全滅し、この報せを受けたヘラス同盟側の軍船は、戦術を変更し、急遽サロニカ湾へ移動した。その後のサラミスの海戦と翌年のプラタイアの戦いにおいて、ヘラス同盟軍はペルシア軍を破り、アジアの帝国の大軍をギリシア本土から撃退した。プラタイアでの戦勝を感謝してヘラス同盟加盟諸国がデルフォイに奉献した黄金のトリポデス（鼎）は、第三次神聖戦争の際にフォキス人によって鋳つぶされてしまったが、この鼎を支えていた青銅製の柱はイスタンブルに現存する。そこにきざまれたポリス名は以下のとおり。ラケダイモン、アテネ、コリントス、テゲア、シキュオン、アイギナ、メガラ、エピダウロス、オルコメノス、フレイウス、トロイゼン、ヘルミオネ、ティリンス、プラタイア、テスピアイ、ミケーネ、ケオス、メロス、テノス、ナクソス、エレトリア、カルキス、ステュラ、ハリエイス、ポテイダイア、レウカス、アナクトリオン、キュトノス、シフノス、アンブラキア、レプレオン。

一方、ペルシアに恭順の姿勢をとったエーゲ海北岸の諸ポリスやテッサリアは、前四七九年以降はギリシア世界のなかでの影響力を弱める。テッサリアではラリッサ、フェライ、ファルサロスらの都市が経済的・政治的に優勢となり、連邦制の結びつきは弱くなっていった。プラタイアの戦いののち、戦場は小アジアに移り、断続的に戦闘が繰り返されたが、前四四九年ペルシアとアテネのあいだに「カリアスの和約」が成立して(ただし、和約の存在を疑問視する研究者もいる)、ペルシア戦争は終焉をむかえた。

デロス同盟

ギリシアの最強国スパルタは、マラトンの戦いには遅れ、テルモピレーでは勇猛果敢に戦ったものの敗北したため、アテネに比べた場合その戦功は見劣りがした。他方のアテネは、前四八〇年には市民全員が軍船に搭乗し、女、子供、老人はトロイゼンやサラミス島に疎開して、国土アッティカを敵の蹂躙《じゅうりん》に任せながら、二度目のペルシア軍襲来に対抗した。アクロポリスの上のアテナ女神の神殿や多数の彫像などの奉納物を、ペルシア軍によって破壊されながらも、アテネは挙国一致で戦った。クレイステネスの改革によって民主政が成立してからわずか三〇年たらずのあいだの出来事であったから、戦争におけるアテネの活躍は、この新しい制度の有効性を立証したと市民たちは感じ、また自信を強めたのであった。このアテネを中心に前四七八／四七七年には、おもにエーゲ海沿岸および島嶼《とうしょ》部のポリスが攻守同盟(デロス同盟)を結ぶことになった。ペルシアの三度目の襲来に備えての同盟であったが、この同盟は前四〇四年にアテネがペロポネソス戦争で敗北するまで続く。そのペロポネソス戦争開始の前四三一年まで、「プラタイアの戦い」から数えて約五〇年はアテネがめざましい興隆をはたした時期に相当するため、トゥキュディデスはこれをとくに「ペンテコンタエティア(五〇年)」と呼ぶ。

その間にデロス同盟は「アテネ帝国」へと変質する。発足当時のこの同盟は、本部をイオニア人の聖地であったデロス島においたが、参加国は必ずしもイオニア系のポリスのみではなく、小アジア沿岸やヘレスポントス、プロポンティスの諸ポリス、エーゲ海に浮かぶ大半の島々のポリスにおよんだ。同盟会議の議決も参加国がそれぞれ一票の投票権をもつという規定で、軍船を提供するポリスと拠金をだすポリスが決められ、軍船を提供したのはキオス、サモス、レスボスなど、少数のポリスであった。会計を担当し、集金のため参加国に赴く委員(ヘレノタミアイ)一〇名は、アテネ人から選出された。デロス同盟参加国は、発足後数年で二〇〇近くに達した。

当初、同盟の参加諸国は相互に独立していたが、しだいにアテネが他ポリスにたいして強圧的な姿勢を鮮明にするようになった。前四六七年ころにはいち早く脱退の希望を表明したナクソスが武力でおさえられた。前四六五年に離反を試みたタソスは、スパルタの支援で反乱を成功させるかと思われたが、同年の地震を契機にメッセニアのイトメでヘイロタイの反乱が起こったため、スパルタの支援がえられず、タソスは三年間も包囲攻撃にたえたものの、ついに脱退を断念して降伏し、高額の制裁金を科された。他方、ヘイロタイの反乱鎮圧を支援するために派遣されたキモン指揮下のアテネ軍を、スパルタが帰還させたことから、スパルタとアテネの関係は険悪化した。アテネは前四八〇年に締結された両国間の同盟条約を破棄し、当時スパルタと交戦状態にあったアルゴスと同盟条約を結び、テッサリアとも同様の条約を交わして、自国の国際的な立場を強化した。また、イトメの反乱に失敗し、国外に追放されたヘイロタイをアテネは受け入れ、南ロクリスから奪い取ったばかりのナウパクトスに定住させ、その市民とした。なお、イトメの反乱の契機となった大地震は、スパルタに大きな損害をもたらし、同国の衰退の遠因となった、という見方も出されている。

同盟から帝国へ

ギリシア世界の政治地図は、ペロポネソス同盟陣営とデロス同盟陣営に色分けされ、両陣営の対立はしだいに尖鋭化していった。前四六一年にコリントスと対立していたメガラがペロポネソス同盟を離脱してデロス同盟に加わり、アテネがメガラ支援の立場を鮮明にすると、コリントスとアテネのあいだの関係は険悪となった。アテネは前四六〇年にペロポネソス半島東部のハリエイスに上陸し、コリントス、エピダウロス軍と対戦し、このときはコリントス軍が大勝した。以後、戦闘はアテネ率いるデロス同盟軍とスパルタ率いるペロポネソス同盟軍のあいだで、テッサリア、ボイオティア、アイギナ、エウボイアなどギリシア中央部を中心に断続的に繰り返された。この戦争を、前四三一年からのペロポネソス戦争に先立つ戦争として、「第一次ペロポネソス戦争」と呼ぶ研究者もいる。戦争中の前四五八／四五七年に、アテネは長年対立関係にあったアイギナを強制的にデロス同盟に加盟させている。戦争は、前四四六年にアテネがペロポネソス同盟と三〇年間の休戦条約を結ぶまで続いた。その間の前四四八年には第二次神聖戦争が、フォキスによるデルフォイ神域の管理をめぐって勃発したが、フォキスを擁護するアテネとこれに反対のスパルタの政治的思惑がここにも働いていた。前四四六年にフォキスは神域管理権を失った。

デロス同盟参加諸国にたいするアテネの支配はしだいに強化され、同盟参加国が支払う拠金をおさめた同盟金庫も前四五四年にデロス島からアテネに移された。以後、同盟の資金は、アテネ民主政の体制を維持するため制定されたさまざまな役職への手当に流用されたり、アクロポリスのパルテノン神殿やプロピュライア(大門)の建設費用の一部に充当され、アテネの繁栄を支える資金源のひとつとなった。また、アテネは各国の司法権を一部制限したり、アテネ市民を駐在役人として各国に派遣したり、アテネの公的祭儀に奉献を要求したりして、その支配は強化される一方であった。このため、デロス同盟は「アテネ帝国」へと変質していった。

前四五〇年代末にはクレルキアの建設も進められた。クレルキアとは、アテネが同盟市の土地を一部没収して、その土地にアテネから送り込んだ植民団(クレルコイ)を定住させる一種の植民地であった。それは前古典期に建設された植民市(アポイキア)とは異なり、アテネから政治的に独立していたわけではなく、植民者たちはアテネ市民権を保持しつづけた。もっとも早い例としては、前五〇六年にエウボイアのカルキスに設けられたクレルキアがある。このとき、アテネはカルキスの富裕層であるヒッポボタイ(馬持ち)の所有地を取り上げ、四〇〇〇人のクレルコイに分配し、この地に定住させている。同盟が帝国へと変貌するなかで、前四五〇年ころにアテネは、ナクソス、アンドロス、レムノス、インブロスなどの島々にクレルキアを建設し、前四四六/四四五年にアテネからの離反を試みたエウボイアを制圧した際には、同島の北西のヒスティアイア(ヘスティアイア)から全住民を追放し、土地をアテネ市民に分配してクレルキアとした。また、前四三一年にペロポネソス戦争が勃発するとまもなく、戦略上重要な位置にあるアイギナ島から女や子供を含むアイギナ人すべてを退去させ、そこにクレルキアを建設した。祖国を追われたアイギナ人を、スパルタは自国領土内の東部テュレアに居住させ、農業をおこなうことを許している。さらにのちの前四一六年にアテネは、デロス同盟にもペロポネソス同盟にも参加せずに中立の立場を保っていたキクラデス諸島のひとつメロスを攻略し、男性市民を処刑、女性と子供を売却したあと、この島にクレルキアを建設した。

このように「帝国」内の各地に滞在、居住するアテネ市民が増加し始め、他方で、アテネに長期あるいは終身在留する外国人たち(メトイコイ)も増加の一途をたどった。後者は国際的な都市となったアテネにおいて商業や文化活動に従事するためにアテネ居住を選んだのだった。メトイコイは政治には参加できないが、従軍義務はあり、市民と異なり人頭税も課されたが、それでもアテネの魅力は大きかったのである。前四五一年にはペリクレス(後述)の提案で、アテネ市民は両親とも市民身分の者に限るという法(いわゆる「ペリクレスの市民権法」)を成立させ、市民としての特権を享受できる者を限定した。この法成立以前には父親がアテネ人であれば、母親が外国人であっても嫡出子はアテネ市民権を享受できた。テミストクレスやクレイステネスも外国人の母をもつアテネ市民であった。それが、前四五一年以降は市民の妻として将来市民となる男子を生むことのできるのは、市民身分の女性、つまり市民を父親にもつ女性たちのみとなったのである。その結果、市民身分の女性は、奴隷やメトイコイ身分の女性たちに比べ手厚く保護されると同時に、行動面でより厳しい制約を受けることになった。

ペロポネソス戦争

アテネの強大化は、ギリシア世界のもう一方の大国スパルタと同国が率いるペロポネソス同盟にとって大きな脅威となり、ペロポネソス戦争(第二次ペロポネソス戦争ともいう)にいたる。きっかけはペロポネソス同盟成員のコリントスと、その植民市でありながら二同盟のどちらにも参加していなかったケルキラとの関係が悪化した際に、アテネが求めに応じてケルキラに一〇隻の軍船を派遣したことであった。

ここで、コリントスについて簡単にふれておくと、ペロポネソス半島とその北のギリシア本土とを結ぶ交通の要衝に位置するコリントスは、すでに前古典期にシュラクサイやエーゲ海北部のポテイダイアなどの植民市を建設し、積極的な対外政策を進めていたが、造船技術や陶器製造をはじめとする手工芸や交易で経済的に繁栄したばかりでなく、農業も盛んであった。農地の獲得と確保のために隣国メガラと緊張した関係を続けてもいた。このような強国であったにもかかわらず、古典期におけるコリントスの国制については多くが不明である。その理由のひとつとして、前五世紀なかばまで寡頭政が強固に維持されていて、国制にかんする情報開示が民主政アテネの場合ほど要求されなかったため、碑文の残存数が少ないことが指摘されている。アテネやスパルタに比べコリントス特有の文化的・社会的な活動が活発ではなかったと、前四世紀の歴史家エフォロスが述べていることも見逃せない。なお、エフォロスはコリントスとならんでテーベの名もあげている。前五世紀のギリシア世界における両国の特徴を示唆していて注目に値する。

ペロポネソス戦争前夜には、同じコリントスの植民市でデロス同盟に参加していたポテイダイアが、当時アテネと交戦状態にあった北の王国マケドニアのペルディッカスに接触してデロス同盟から離反

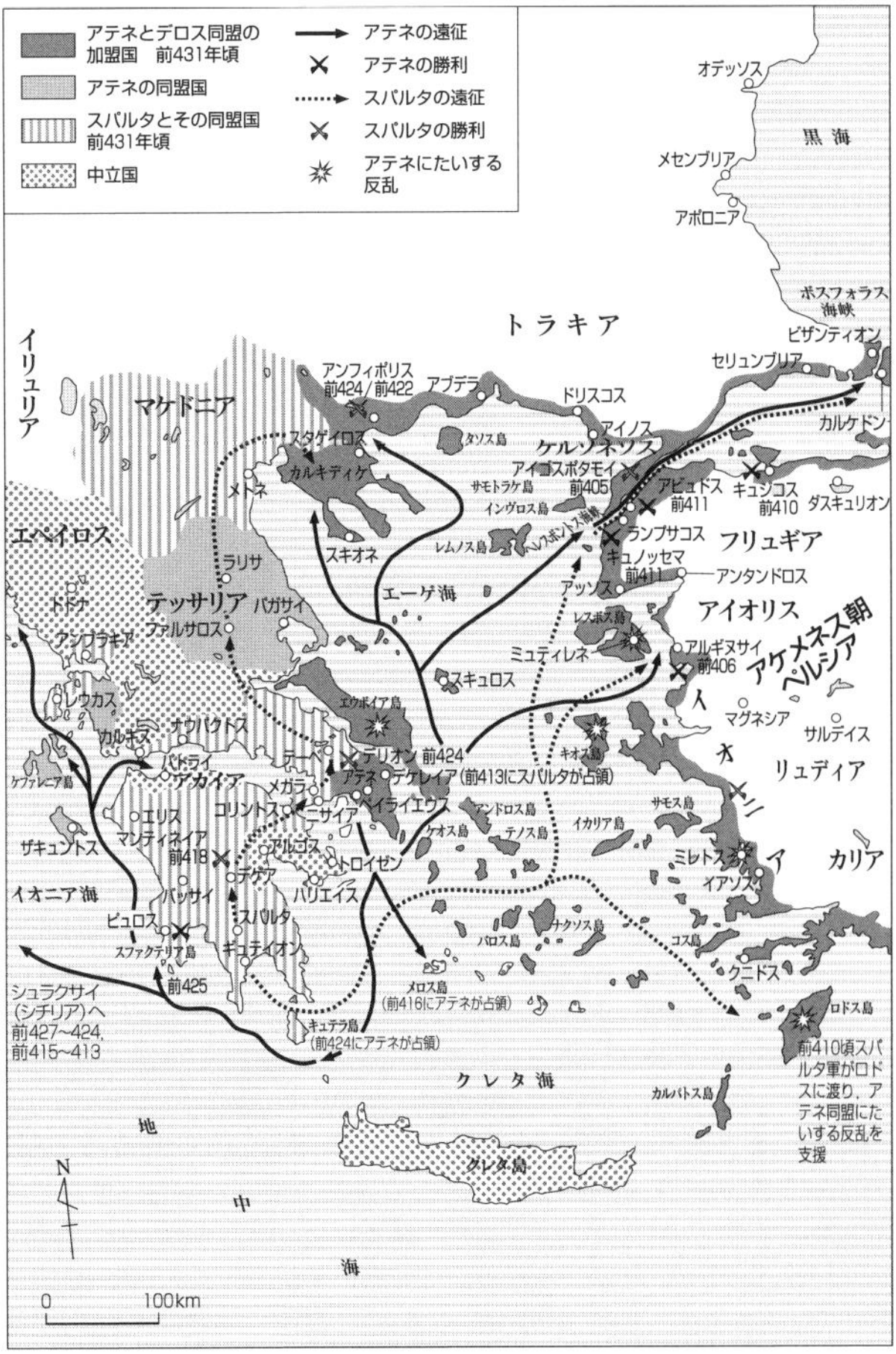

アテネとデロス同盟の加盟国　前431年頃
アテネの同盟国
スパルタとその同盟国 前431年頃
中立国
アテネの遠征
アテネの勝利
スパルタの遠征
スパルタの勝利
アテネにたいする反乱
トラキア
イリュリア
マケドニア
エペイロス
テッサリア
エーゲ海
イオニア海
クレタ海
地中海
黒海
フリュギア
アイオリス
アケメネス朝ペルシア
イオニア
リュディア
カリア
ケルソネソス
シュラクサイ(シチリア)へ 前427~424, 前415~413
前410頃スパルタ軍がロドスに渡り，アテネ同盟にたいする反乱を支援
メロス島 (前416にアテネが占領)
キュテラ島 (前424にアテネが占領)
デケレイア (前413にスパルタが占領)
0 100km

ペロポネソス戦争

した。アテネとメガラとの国境近くに位置するアテネ領エレウシスの聖なる土地にメガラが侵犯したことを理由に、アテネがメガラ人を配下の港湾とアゴラから閉め出したことも重なり、スパルタ陣営とアテネ陣営の対立が激化していった。

だが、直接の契機はどうであれ、トゥキュディデスが明言しているように、戦争は当時の二大国スパルタとアテネの対決であった。スパルタは開戦時ギリシアを解放すると宣伝しており、諸ポリスの期待も大きかったらしい。しかし、実際に戦争が続行するなかで、支援を求めてくるポリスにたいしてスパルタは寡頭政の樹立を指導し、たいするアテネは民主政樹立をうながしたため、各国の内部で政争が激しく展開されることになった。

当時アテネの指導的政治家として誰もが認めていたペリクレスは、戦争のシーズンである春から秋にかけて、アッティカの全住民が長城壁の内側である中心市とペイライエウスとに移り住むという戦時体制をとることを決定した。そのため、中心市は多数の住民で密集状態となったが、このような状態のなかで開戦翌年にペイライエウスで始まった疫病の流行はたちまち中心市をも襲って、一年間の小康状態を挟みながら約三年間続き、多数の死者がでた。トゥキュディデスによれば、アテネはこの疫病で兵力の三分の一を失い、指導者ペリクレスも死亡した。それでもアテネはペリクレスにかわってアルキステネスの息子デモステネスの指導のもとに戦況を有利に進め、前四二一年には平和条約が締結されて、休戦をむかえた(ニキアスの和約)。ここまでのペロポネソス戦争前半はペロポネソス軍を率いていたスパルタ王アルキダモス二世にちなみ「アルキダモス戦争」と呼ばれることがある。この「アルキダモス戦争」におけるアテネの最大の損失は、トラキア沿岸のアンフィポリスが前四二四年にスパルタのブラシダスによって占領されたことであろう。アンフィポリスはアテネが前四三七年に築いた植民市で、エーゲ海北岸、トラキア地方の木材や穀物、その他の物資、また、資金の調達地としてアテネにとって重要な都市であった。歴史家トゥキュディデスはブラシダスとの戦闘の際にアテネ海軍の指揮官の一人であったが、敗北後追放された。

これにたいし、戦争の後半は、前四一五年のアテネによるシチリアへの遠征から始まり、前四〇四年にアテネが降伏してペロポネソス戦争が終わるまで続いた。この後半戦は、前四一三年に、アッティカ北部のデケレイアをペロポネソス軍が占拠し、終戦時までその砦に常駐したことから「デケレイア戦争」、あるいは、主たる戦場が小アジア沿岸のイオニア地方付近で展開されたため「イオニア戦争」と呼ばれる。シチリアは潤沢な穀物生産で知られていたので、つねに国外からの穀物調達の必要に迫られていたアテネには大変魅力的な島であったが、遠方で、しかも、島の地理についての知識も不十分なアテネが遠征することは無謀というべき企てであり、当時の政治的な指導者ニキアスははじめこれに反対した。しかし、自国の国力を過信する市民たちと名門出身で時代の寵児でもあったアルキビアデスの積極的な意見が民会をとおり、遠征は決行されたのだった。シチリアではシュラクサイを中心に大半のポリスが協力してアテネに対抗し、アテネは援軍の派遣もむなしく惨敗、兵士はほとんどが戦死、あるいは捕虜の憂き目をみることとなった。この遠征が失敗に終わった前四一三年にペロポネソス軍はデケレイアに侵入し、ここに陣営を築き、常駐態勢にはいった。アテネの住民たちにとって中心市の外はつねに危険となり、冬季の農作業も不可能となった。そのため食糧はもっぱら国外からの輸入に頼るようになった。従来アッティカ東部から陸路を使って中心市に運ばれていたエボイアからの穀物も全面的に船の輸送に頼らざるをえなかった。このような状況のなかでペイライエウス港は、生活物資調達のためにますます重要度を増していった。前四〇五年にこのペイライエウス港がスパルタの司令官リュサンドロスが指揮するペロポネソス軍によって封鎖され、食糧不足から餓死者がでるにおよんで、前四〇四年春にアテネは降伏した。

ペロポネソス戦争での敗北で「アテネ帝国」は解体した。勝利したペロポネソス同盟側の諸ポリスの損失も少なくなかった。たとえば、同盟諸国のなかでも海軍力の強大であったコリントスの場合、ケルキラとの紛争の際には九〇隻の軍船を出動させたが、前四一三年には四〇隻以下の軍船を擁するだけになっていた。

4　混迷するギリシア世界

前四世紀前半の政治状況

戦勝国であるスパルタは、アテネにかわってエーゲ海域における覇権の確立をめざし、積極策にでた。ペロポネソス同盟を「アテネ帝国」と同様の組織にする意図があったとみる研究者もいる。スパルタは、セストス、ビザンティオン、カルケドンを掌握し、さらにトラキア沿岸、小アジア沿岸、エーゲ海上の島々にハルモステスと呼ばれる役人を配置するとともに軍隊を駐留させ、親アテネの民主派をおさえる政策を展開した。アテネにたいしても寡頭派市民三〇人によるスパルタの傀儡《かいらい》政権を立てさせ、スパルタによる事実上の支配の実現をめざした。この「三十人」の寡頭政権は、反寡頭派が起こした内乱の結果、前四〇三年夏には倒れ、同年秋に民主政が回復する。アテネはいぜんとしてスパルタの傘下に押しとどめられていたし、内戦の傷跡は簡単には癒《い》えなかったが、その民主政はかつて以上に法の権威を尊重する制度へと整備・工夫がほどこされ、アテネ再興への準備が整えられていった。ペイライエウスを中心とするエーゲ海交易は、戦後まもなくふたたび活発になり、戦争中一時中断していたラウレイオン銀山の採掘も再開され、鋳貨もふたたびおこなわれるようになった。アテネの銀貨は広くギリシア世界全体に流通し、同国の経済を支えた。前四世紀においても地中海交易にアテネのはたした役割は大きかった。ただし市民たちは直接交易にたずさわるというよりもむしろ投資に積極的で、外国人たちが交易に従事したのであった。

スパルタはアテネにかわってギリシア世界の覇権を確立しようと意図したが、その強引な動きはペロポネソス戦争をともに戦ったテーベやコリントスなどの反発を招くとともに、ペルシアのスパルタにたいする警戒心を強めさせることになった。スパルタはペロポネソス戦争中、ペルシアから戦争資金の援助を受けていたが、これは、ペルシアが前五世紀初めのギリシア遠征失敗以来、ギリシアを直接支配する試みを断念し、かわりに自国に脅威を与える大国の出現を防止するためにギリシア世界に間接的に介入するという政策をとっていたからだった。したがって、勝利者となったスパルタに、ペルシアが資金援助する理由はもはやなくなったのである。

ペルシアでは、前四〇四年に死去した父ダレイオス二世の跡を襲ったアルタクセルクセスにたいし、小アジアの地方長官《サトラペス》であった弟キュロスが王位をねらって前四〇一年春に反乱を起こしたが、目的を達成することなく戦死した。友好的な関係を続けてきたキュロスの死は、スパルタにとって痛手であった。キュロスの後任ティッサフェルネスは帝国の威信回復のために、イオニア地方の諸ポリスへの支配を強化しようとした。諸ポリスはスパルタに支援を求め、前四〇〇／三九九年にスパルタはティブロン率いる遠征軍を小アジアへ派遣した。このとき、ペロポネソス同盟の一員となっていたアテネも要請に応じて騎兵三〇〇名を派遣している。小アジアでのスパルタは、大国ペルシアとの戦いを有利に運ぶことができず、遠征は長引いた。前三九七／三九六年にはアゲシラオス王が総指揮官となり、同盟国に遠征参加を呼びかけたが、コリントス、テーベ、アテネは呼びかけに応じようとしなかった。他方、ペルシアは使節をギリシアに送って、テーベ、アテネなどに資金を提供し、反スパルタ気運を盛り上げた。こうして、前三九五年には右の三国にアルゴスが加わって対スパルタ戦に踏み切った。この戦争は、主な戦場がコリントス地峡周辺だったのでコリントス戦争と呼ばれる。

戦況は一進一退、その間にアテネは城壁を再建、軍船を建造して海軍の再興を始めた。前三八六年にペルシア王の介入で休戦が成立した。休戦は大王の平和、あるいはスパルタの使節の名をとって、アンタルキダスの和約と呼ばれる。休戦の条件は、小アジア西岸のギリシア諸ポリスとキプロスはペルシアの支配に服し、ほかのギリシア諸国は独立を保証される、というものだった。ペルシアに服属する小アジアの諸ポリスは、自治を断念したかわりに安定と経済的繁栄を享受することになる。

ギリシア北部の新興勢力

他方、ギリシア本土のテッサリアでは僭主イアソンが支配するフェライが台頭し、テーベにはペロピダスとエパミノンダスという軍事に辣腕《らつわん》をふるう政治家が出現したため、ギリシア世界の政治力学に変化が生じる。このような新しい事態に直面し、スパルタはボイオティアに遠征軍を送るが、テーベはアテネの協力をえてスパルタを撤退させた。その後、テーベはペロポネソス半島へ進軍し、アルカディア連邦を結成させ、また、メッセニアを解放した。これによって長年にわたってヘイロタイ身分にあまんじていたメッセニア人は自由を取り戻し、壮麗な都市メガロポリスを建設した。当時すでにスパルタは国内に深刻な問題をかかえていた。ペロポネソス戦争中の長期遠征のため市民数が減少し、また、他国市民の生活ぶりを知って、伝統的な質実剛健の価値観に背を向ける者も出始めた。スパルタ社会の存立の根幹がゆらぎ始めたのである。それに加えてメッセニアを失ったスパルタは、リュクルゴス体制の基盤の決定的崩壊に直面した。こうして約二〇〇年間続いたペロポネソス同盟も解体した。

スパルタの国力衰退に比べ、アテネの復興は着実に進み、前三七七／三七六年にはいわゆる第二回海上同盟を結成した。デロス同盟を第一回と数えての第二回であるが、デロス同盟と異なり、貢租は求めず、駐留軍もおかないことが結成の際の決議に明記されていた。同盟に参加したのは、キオス、テーベ、ミュティレネなど六〇カ国以上に達した。翌年、アテネはナクソス沖の海戦でスパルタを破り、エーゲ海の制海権を奪還する。以後、アテネは徐々に支配強化の政策を展開し、テーベとも対立を深めていった。前三五七年には「同盟市戦争」が起こり、二年後には加盟国の大半は同盟から離脱した。同年、マケドニアはアンフィポリスを占領し、エーゲ海北岸の情勢が緊迫化する。以後のギリシア世界の政治情勢は、北方の新興勢力マケドニアとの関係を軸に展開することになる。

古典期の文化

古典期は、古代ギリシアの文化遺産として今なお大きな影響力を発揮している文化がほかの時期にも増して勢いよく生み出された、創造的な時期であった。とりわけ文化的に生産的だったのは、アテネである。前五世紀のアテネの歴史家トゥキュディデスが、「われわれのポリス全体が、ギリシアの学び舎である」とペリクレスに語らせているように、アテネは政治的にばかりでなく、文化的・思想的にもほかの諸ポリスをしのぐ勢いを誇っていた。それは、「アテネ帝国」のシステムによってこのポリスに富と人が集中したことによるところが大きいが、アテネがポリスの可能性を最大限に実現させたとき、その構成員たちが内在させていた創造力が外に向かってほとばしりでたということでもあろう。そのような想定をうながすほどに古典期、とくに前五世紀のアテネで開花した文化は完成度が高いと同時に、その特質は共同体としてのアテネのあり方と深く結びついていた。

のちに三大悲劇詩人と呼ばれたアイスキュロス、ソフォクレス、エウリピデスや、作品が断片や題名でのみ伝わっている作者たちの悲劇《トラゴディア》(原義は「山羊の歌」だが、その由来は不明)は、ホメロスの叙事詩にうたわれているような英雄伝説を題材とし、常人よりも卓越した人物を描いて、そこに人間存在の本質を見すえようとした。大喜劇詩人といわれるアリストファネスの喜劇《コモディア》(原義は「宴会にともなうどんちゃん騒ぎの歌」)や、断片のみ残っているほかの喜劇作者たちは、社会風刺や政治批判を交えながら多種多様の笑いを取り入れた作品を提供した。悲劇も喜劇も競演というかたちでアテネの公的な祭儀（おもに春の大ディオニュシア祭と冬のレナイア祭）において上演された。舞台に登場するのは、男性ばかり三人の役者とコロスであるが、音楽、衣装、小道具を担当する者、合唱隊《コロス》のための費用のすべてを負担する世話役《コレゴス》を含めると、一回の祭の競演で動員される市民の数は数百人にのぼった。国をあげて毎年挙行される祭儀における演劇競演はアテネという共同体全体の営みだったからこそ、多数の優れた作品がつくりだされたのであろう。

前四四七年から一五年をかけて建立されたパルテノン神殿もまたアテネが生み出した最高傑作のなかに数えることができる。前四八〇年にクセルクセス率いるペルシア軍に蹂躙され、破壊されたアクロポリスにアテナ女神の神殿として再建されたこの建造物の優美と荘厳を、幸いなことにわれわれは今でも自分の目で確かめることができる。アゴラにも評議会場や柱廊など多数の公共建築が建てられ、また、防御のために中心市アテネは城壁をめぐらし、外港ペイライエウスとも長壁で結ばれた。都市としての景観は威容を誇ったであろう。それにくらべ個人の住宅は質素、貧弱であった。富裕市民は、演劇競演のための世話役や戦時の軍船《トリエレス》費用を負担する船長役《トリエラルキア》などとして私財をつかうこと（公共奉仕《レイトゥルギア》）により、社会的名誉を獲得した。アテネに限らず、多くのポリスで神殿や劇場などの公共建築が古典期に建造されたが、いずれにも、個人の財力・権力の誇示ではなく、共同体の強化・繁栄のために公共空間を整備しようというギリシア人の志向のありかが、明確にあらわれている。

前古典期末からは叙事詩、叙情詩のほかに散文による優れた作品もあらわれ始める。なかでも現存する作品としては最古のヘロドトス『ヒストリアイ（歴史）』はペルシア戦争を主題としたが、それは作者がギリシアばかりでなくエジプトやペルシアを広く旅行しながら調査研究（ヒストリエー）して叙述したものであった。文学とは異なる新しい歴史叙述というジャンルはこのヘロドトスによって始められたが、ペロポネソス戦争について叙述したトゥキュディデスにおいて史料の扱い方も因果関係の追究もより厳密となり、歴史叙述は文学とは独立したジャンルとして成立した。

哲学の分野でも、考察の対象を自然から人間社会に向けて、真理の追究に一生を捧げたソクラテスや彼の弟子プラトン、そのまた弟子のアリストテレスらがあらわれた。ソクラテスは著作を残さなかったが、後二者は膨大な作品群を残した。他方で、民主政社会の制度のなかに生き、実践経験に根ざした弁論を残したリュシアスやデモステネスらの弁論作者もあらわれた。彼らの作品に明らかなように、民主政社会においては自己の主張を明確にし、他者を説得してポリスの政治的方向を決定することとは自らの運命を決定することにつながったので、弁論（レトリック）が重視され、発達した。

前五世紀の繁栄のなかで民主政の制度をより徹底させたアテネでは、いわゆる「ペリクレスの市民権法」を前四世紀なかばにさらに強化して、市民と非市民との婚姻を禁止し、ポリスの閉鎖性を徹底したものにした。他方で、また、中心市から約八キロ西のペイライエウス港はエーゲ海の交易拠点としての位置を維持しつづけ、多数の外国人が去来した。このようなアテネがかかえる閉鎖性と開放性は、ポリスの本質的特徴を如実に示しているといえよう。

第三章　ヘレニズム・ローマ時代

1　マケドニアのギリシア支配

マケドニア王国の発展

ギリシア世界の勢力地図は、前四世紀なかばから後半にかけて大きな変貌をとげる。北方のバルカン諸部族のたび重なる侵入に苦しむ辺境の一小王国にすぎなかったマケドニアが、王フィリッポス二世(在位前三六〇／五九〜前三三六)のもとで急速に台頭し、前三三八年のカイロネイアの戦いをへて、ついにギリシア世界の覇者として君臨するにいたるのである。

前七世紀なかば、ギリシア北部の山岳地帯で移動放牧を営んでいたマケドニア人がピエリア山脈の山裾に定住し、アイガイを都として国を建てたのが、マケドニア王国の始まりである。マケドニア人がギリシア人の一派だったかどうかは、大きな論争点になっているが、確かなことはわかっていない。

ポリスとはまったく異質の社会を形成した彼らは、ギリシアのポリス世界が慢性的な戦争やポリス内部の激しい抗争によって疲弊していった前四世紀に、活力に満ちた一大勢力としてギリシア史の表舞台に登場することになる。

フィリッポス二世以前のマケドニアについては不明な点が多いが、前七世紀なかばに王国が成立して以来、アルゲアダイと呼ばれる王家が王位を世襲し、平野部(低地マケドニア)を中心に領土を拡大していったらしい。西部の山岳地帯(上部マケドニア)には、エリメイア、オレスティスなどいくつかの部族王国が分立しており、前六世紀末にはアルゲアダイの勢力がこの地域にもおよぶが、フィリッポスの時代までは自立傾向が強く、半独立の状態にあった。マケドニアの王権の性格や支配構造をめぐっては多くの議論があるが、大土地所有者である貴族(ヘタイロイ)が王とならんで卓越した地位にあり、王は貴族層の支持によって王権を行使していたと考えられている。

マケドニアは木材や金銀をはじめとする天然資源にめぐまれたことで知られるが、この豊かな天然資源もマケドニアの歴史において重要な役割をはたした。マケドニアの気候は、地中海性気候のギリシア南部と異なり、寒い冬・暑い夏と年間を通じて多い降水量に特徴づけられる大陸性気候に近い。そうした気候ゆえ、マケドニアは森林資源に富み、ギリシア最良の木材の産地として名をはせていた。前五世紀になると、マケドニアはアテネをはじめとするギリシア諸都市に造船用の木材を大量に輸出し、マケドニアの木材は王国の貴重な収入源になるとともに、古典期のギリシア世界の政治地図を規定する大きな要因となった。また、マケドニアの鉱山資源は前七〜前六世紀から採掘されていたが、本格的に利用されるようになるのはフィリッポスの治世にはいってからのことで、とりわけトラキアとの国境付近に位置するパンガイオン鉱山の金銀は、フィリッポスの華々しい成功の重要な経済的基盤となる。

マケドニアがギリシアのポリス世界と密接な関わりをもつのは前五世紀以降であり、ヘラクレスを祖とするマケドニア王家の系図をつくりあげてオリュンピアの祭典に参加したとされるアレクサンドロス一世(在位前四九七頃〜前四五四頃)や、ペロポネソス戦争の時期にギリシア諸都市の抗争のなかで巧みに王国の生き残りをはかったペルディッカス二世(在位前四五四頃〜前四一三頃)の事績が知られている。続くアルケラオス(在位前四一三頃〜前三九九)の治世に、マケドニアは飛躍的な発展をとげる。アルケラオスは王国の首都をアイガイから海に近い交通の要衝ペラに移し、政治や軍制の改革をおこなって国力の増強につとめた。彼はギリシア文化の本格的な導入を進めた王としても知られ、ペラの宮廷にはエウリピデスをはじめとするギリシアの高名な知識人や芸術家が数多く招かれた。しかし、前三九九年にアルケラオスが暗殺されると、彼の築き上げた繁栄は瓦解し、前三六〇/三五九年にフィリッポスが即位するまでの四〇年間、マケドニアはたび重なる王位継承争いと外国勢力の侵入になやまされる停滞期に陥った。

前三九三/三九二年に王位に就いたフィリッポスの父アミュンタス三世(在位前三九三/二一〜前三七

〇／六九）は、即位当初からイリュリア人の侵入に苦しみ、さらに前三八〇年代には、ギリシア北部で大きな勢力を誇ったカルキディケ連邦の中心市オリュントスに翻弄された。フィリッポスの長兄アレクサンドロス二世（在位前三七〇／六九〜前三六八）は、その短い治世の大半をテッサリアへの介入に費やし、その結果、当時エパミノンダスとペロピダスのもとで急速に勢力を伸ばしていたテーベの介入を招いてテーベとの同盟締結にいたった。この同盟の保証として、王の弟フィリッポスが人質となってテーベに送られ、約三年間テーベに滞在している。十代なかばの少年フィリッポスが、この三年間の経験からどれほどのものを学んだのかは推測に頼らざるをえないが、レウクトラの戦い（前三七一年）で勝利をおさめてギリシアにおける覇権確立を進めていた全盛期のテーベに滞在して、テーベの優れた戦術やギリシア世界の政治・外交のあり方をまのあたりにし、ギリシア人の価値観にふれ、テーベの有力者たちとの絆をはぐくむことも可能にしたこの三年間の経験は、のちのフィリッポスのギリシア征服に際してこのうえなく貴重な武器となったのだろう。

前四世紀前半のギリシア世界では、スパルタ、テーベ、アテネといった有力ポリスがペルシアからの資金援助を背景に錯綜した勢力争いを展開し、浮き沈みを繰り返すが、いずれも長期的な確固たる覇権を打ち立てることはかなわず、あいついで後退した。こうしたなかへ登場するのが、マケドニア王国の王位に就いたばかりのフィリッポスである。

フィリッポス二世のギリシア征服

フィリッポス二世の次兄ペルディッカス三世(在位前三六五〜前三六〇／五九)は、アレクサンドロス二世を暗殺して三年間マケドニアの実権を握っていたプトレマイオスを倒して即位するが、前三六〇／三五九年にイリュリア人との戦いで戦死をとげた。この戦いはマケドニアにとって未曾有の大敗北となり、フィリッポスが王位に就いたときのマケドニアは、存亡の危機に瀕していた。イリュリア人はさらに大軍を集結してマケドニアに侵攻し、これに乗じて北東のパイオニア人もマケドニアの領土への進出をはかった。また、マケドニアはその長い歴史において、王位継承をめぐる争いによって国中が混乱に陥ることがしばしばだったが、このときも例外ではなく、外国の支援をえて王位をねらう者たちが続々と立ちあらわれた。

こうした四面楚歌ともいうべき状況のなかで即位したフィリッポスは、買収工作や政略結婚によって巧みに対外的な脅威をそらせ、王位をねらう者たちを徹底的に排除し、ただちに王国の安定化と軍隊の育成に取りかかった。フィリッポスの大きな功績のひとつとして軍備の大々的な拡充があげられるが、彼は厳しい訓練をおこなって強力な歩兵軍を創設し、歩兵と騎兵を連動させた機動性に富む大規模な常備軍をつくりあげていった。そして即位後二年以内にアテネ、パイオニア、イリュリアとの戦いを制し、ギリシア制覇への道をひたはしることになる。

アテネとの争いの的になっていたエーゲ海北岸の要衝アンフィポリスを前三五七年に攻略したフィ

リッポスは、ピュドナ、ポテイダイア、メトネといったギリシア北部におけるアテネの根拠地をつぎつぎと手中におさめ、テッサリアやトラキアにも着々と勢力を伸ばした。パンガイオン鉱山の本格的な開発に着手して財政基盤を固めたフィリッポスは、都市の建設や農民の育成につとめ、着実に国力を増強させていった。前三四八年にはカルキディケ連邦の中心市オリュントスを陥落させ、これを徹底的に破壊してギリシア世界に大きな衝撃を与えた。さらに、第三次神聖戦争(前三五六〜前三四六年)への介入は、フィリッポスがギリシア中・南部に決定的な影響力をおよぼす重要な契機となる。デルフォイの聖域をめぐるテーベとフォキスの対立に端を発し、ギリシアの多くの主要ポリスを巻き込んで一〇年にわたって争われたこの戦争は、ギリシアの宗教的プロパガンダを巧みに利用するフィリッポスの介入をもって終結した。これによってフィリッポスはデルフォイのアンフィクテュオニア(隣保同盟)における主導権を獲得し、以後のギリシア征服の進展に一層拍車がかかることとなった。前三四〇年代後半には、ペロポネソスやエウボイアへの勢力伸長に乗り出し、前三四一年にはトラキアの最終的な制圧にも成功した。

アテネの政治家デモステネスは、前三四〇年代を通じて反フィリッポスの論陣を張り、一貫してマケドニアと戦うことを呼びかけたが、前三三九年、その努力が効を奏してアテネとテーベの同盟が成立した。そして翌前三三八年夏、アテネとテーベを中心とするギリシア連合軍は、ボイオティアの西境に近いカイロネイアでフィリッポスの率いるマケドニアの大軍と激突した。戦いは、マケドニア軍

フィリッポス２世時代のギリシア

の圧倒的な勝利に終わった。フィリッポスの巧みな戦略と、即位以来彼が心血を注いでつくりあげてきたマケドニアの軍隊がもたらした勝利であった。こうして、フィリッポスはこれまでなんぴともなしとげることのできなかったギリシア征服に成功し、即位から二〇年余りでついにギリシア世界の覇者となったのである。

同年冬、フィリッポスはスパルタを除くギリシア諸都市の代表をコリントスに招集して会議を開き、マケドニアの覇権下でのギリシア世界のあらたな秩序維持機構であるコリントス同盟(ヘラス連盟)を結成した。加盟諸市の自由独立、諸市内部の現状維持、諸市間の平和遵守《じゅんしゅ》が定められ、「大王の平和」以来前四世紀のギリシアの国際政治の重要な枠組みとなっていた「普遍平和《コイネー・エイレーネ》」が、フィリッポスの主導によって成立することとなった。さらに翌前三三七年の会議では、フィリッポスが同盟の盟主となり、同盟の名のもとにペルシア遠征の敢行が決定された。

マケドニアに帰国したフィリッポスはただちにペルシア遠征の準備に取りかかり、翌前三三六年春には先発部隊を小アジアに派遣した。しかし同年初夏（もしくは秋）、彼は古都アイガイで暗殺者の刃《やいば》に倒れ、四十六歳の生涯を閉じた。志なかばで逝ったフィリッポスの計画は息子アレクサンドロスに受け継がれ、そして彼のもとに、三大陸にまたがる広大な「世界帝国」の出現をみることになる。

アレクサンドロス大王の時代

ペルシア遠征への出発を目前にして暗殺されたフィリッポスにかわってマケドニア王となったのは、のちに「大王」と呼ばれるアレクサンドロス三世（在位前三三六〜前三二三）である。アレクサンドロスが即位したときのマケドニア王国は、父フィリッポスが王位に就いたころのような北辺の小王国ではなく、大規模な軍隊を擁し、すでにギリシア世界の覇者の地位を不動のものとした強力な軍事国家である。アレクサンドロスは父が残した大きな遺産を受け継ぎ、空前の大遠征に着手することになる。

アレクサンドロスは、前三五六年にマケドニアの西境に位置するエペイロスの王女オリュンピアスを母として生まれた。アレクサンドロスが幼少のころから並外れた俊秀だったことを伝えるさまざまな逸話が残されている。父フィリッポスは、前三四三年に息子の教育係として哲学者アリストテレスをむかえ、アレクサンドロスがこの碩学のもとで学んだ三年間は、学問やギリシア文化への終生変わらぬ愛好や、自然科学への強い関心を彼に植えつけたと考えられている。アレクサンドロスは早くから傑出した軍事的才能を示し、前三三八年のカイロネイアの戦いではマケドニア軍左翼の騎兵部隊を率い、ギリシア世界において不敗を誇ったテーベの神聖隊を一網打尽とする武勇を打ち立てている。

アレクサンドロスは前三三六年に即位したのち、フィリッポスの暗殺を契機に各地で生じた反マケドニア蜂起の鎮圧に奔走した。トラキア系諸部族の反乱を鎮めるためにドナウ川沿岸まで遠征し、ついでイリュリア人の大蜂起を平定、その間に起こったテーベの反乱もただちに制圧し、テーベを徹底的に破壊した。彼は、マケドニアの力がいぜんとしてゆるぎないものであることをギリシア世界にまざまざと見せつけたのである。こうして各地の離反の動きを鎮定したアレクサンドロスは、コリントス同盟の会議を招集し、自らを総司令官とするペルシア遠征軍の出発をあらためて正式に決定した。

前三三四年春、アレクサンドロスはアンフィポリスに集結した大遠征軍を率いてヘレスポントス海峡を渡り、一〇年におよぶ東方遠征の途につく。コリントス同盟軍を含めた遠征軍の総数は、歩兵約三万人、騎兵約五〇〇〇人と伝えられ、その主力は、フィリッポスがつくりあげた天下無比を誇るマケドニア軍であった。

小アジアに渡ったアレクサンドロスは、緒戦となるグラニコス河畔の戦いで激しい騎兵戦の末にペルシア軍を敗走させ、小アジアの拠点であるサルデイスを占領して東進した。前三三三年秋のイッソスの戦いでペルシア王ダレイオス三世(在位前三三六～前三三〇)が率いるペルシアの主力軍と対戦して勝利をおさめたアレクサンドロスは、ダレイオスが申し出た講和条件を一蹴し、シリアとフェニキアを征服してさらにエジプトへ進む。前三三一年初頭にアレクサンドロスがエジプトで建設した海港都市アレクサンドリアは、のちにヘレニズム世界最大の都市として繁栄をきわめることになる。同年春、ペルシア帝国の心臓部をめざしてエジプトを出発した彼は、秋にティグリス河畔のガウガメラでダレイオスの大軍と対決し、圧倒的な勝利をおさめてペルシア帝国の崩壊を決定的なものとした。その後、バビロニアの古都バビロンに無血入城したアレクサンドロスは、占領地の安定した統治のため、ペルシアの地方長官《サトラペス》制を踏襲してペルシア人を積極的に登用し、ペルシアの旧支配層と協調していくあらたな政策路線を打ち出した。続いてペルシアの都スサとペルセポリスを占領してエクバタナへと進み、ペルシア討伐という所期の目的が完了したことを宣言してコリントス同盟軍を解散した。

さらに中央アジアのバクトリア、ソグディアナへ軍を進めたアレクサンドロスは、三年の歳月をかけてこの地域を平定し、前三二七年にはインドへと向かう。翌前三二六年春にパンジャブ地方の王ポロスとの激戦を制したのち、なおも東進をめざすが、長年にわたる従軍で疲れはてた兵士たちの強い拒絶にあい、同年夏、ついに帰還を決意した。

砂漠をこえる帰路の悲惨な行軍で多くの兵士を失いながらも、アレクサンドロスは前三二四年春にようやくスサに帰り着いた。彼は長年の不在のあいだに乱れていた綱紀の粛正につとめるとともに、マケドニア貴族・将兵とペルシア女性の集団結婚や、軍隊への東方人の大々的な編入など、支配の安

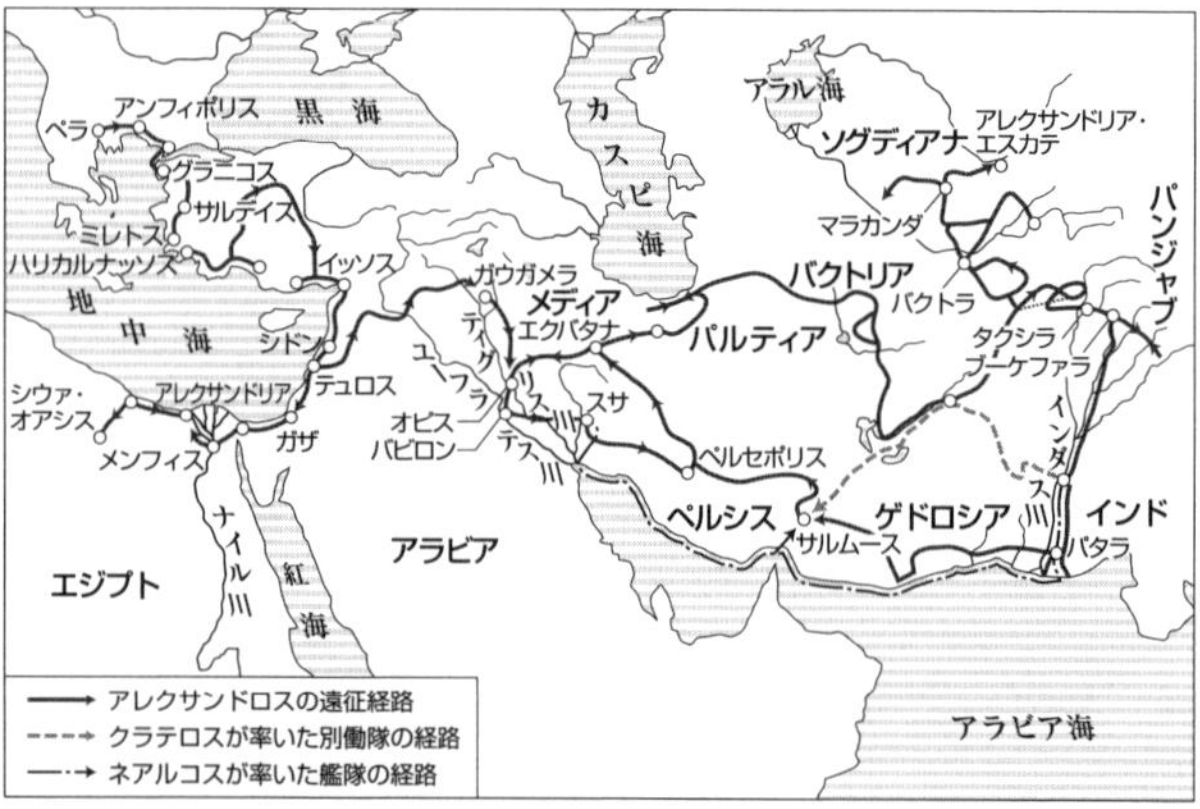

アレクサンドロス大王の遠征経路

定をはかる施策に追われた。翌前三二三年初頭、アレクサンドロスはバビロンをあらたに首都に定め、次なる計画としてアラビア半島への遠征の準備に取りかかるが、同年初夏、熱病に倒れて三十二歳の生涯を閉じた。

一〇年にわたるアレクサンドロスの遠征は、ヨーロッパからアジアにおよぶ空前の「大帝国」を生み出した。その巨大な版図を統治する機構の整備を待たずして急逝したアレクサンドロスが遺《のこ》した「帝国」は、いわば未完の「世界帝国」であり、その広大な領土は続く三〇〇年間のヘレニズム世界の錯綜した歴史の舞台となる。

アレクサンドロス時代のギリシアとラミア戦争

アレクサンドロスの治世のギリシア世界は、マケドニアの覇権下において総じて平穏な状況にあったと考えられている。マケドニアの圧倒的な軍事力による新しい秩序のもとで、「マケドニアの平和《パクス・マケドニカ》」とも呼ぶべき一種の安定が保たれていたのである。

カイロネイアの戦いに参戦せず、コリントス同盟にも加盟せずに孤立を守っていたスパルタは、前三三一年、王アギス三世(在位前三三八~前三三〇)のもとでマケドニアにたいして反旗をひるがえした。アレクサンドロスの治世におけるギリシア最大の反マケドニア蜂起といわれるアギス戦争である。東方遠征中のマケドニア本国の統治を委ねられていたアンティパトロスは、翌前三三〇年、メガロポリスにおいてアギス軍を粉砕し、以後はスパルタもマケドニアの支配下に組み込まれることになった。

カイロネイアの戦い後のフィリッポスによる戦後処理において寛大に扱われたアテネは、マケドニアの覇権がもたらす恩恵をおおいに享受し、アギス戦争の際にもスパルタからの支援の呼びかけに応じなかった。この時期のアテネでは、リュクルゴスという政治家が財政の実権を握り、アテネの歳入を飛躍的に増大させ、さまざまな建築事業をおこなったことが知られている。カイロネイアでの敗北によってポリスとしての政治的独立は失ったものの、「マケドニアの平和」下でのエーゲ海における通商の安全という恩恵により、アテネは前例のない経済的繁栄を手に入れたのである。

しかし、こうした安定した状況も、アレクサンドロスが遠征から帰還するにおよんで雲行きがあやしくなっていく。アレクサンドロスの帰還に先立ち、王の不在中に公金を使い込んで放埒《ほうらつ》のかぎりをつくしていた財務長官ハルパロスが多額の公金を横領してバビロンから逃亡し、前三二四年初夏にアテネに亡命した事件は、アテネの政界に大きな紛糾をもたらした。同じころ、アレクサンドロスは、オリュンピアの祭典において「亡命者復帰王令」を発布し、政治闘争や経済的没落による亡命者を一挙にその祖国に帰還させることをギリシア諸都市に命じた。この王令による大量の亡命者の帰国は、ギリシア諸都市に広汎かつ深刻な社会問題を引き起こしかねないものであった。アレクサンドロスの神格化の可否が、アテネをはじめとするギリシア諸都市でさかんに論じられたと伝えられるのも、このころである。

そうしたなかで、前三二三年初夏のアレクサンドロスの訃報は、アテネを中心とするギリシア諸都市の最後の反マケドニア闘争であるラミア戦争を引き起こした。アイトリアと連携したアテネは、同年秋にラミアでアンティパトロスの軍を包囲して優位に立つが、翌前三二二年夏、アモルゴス島沖の海戦でアテネ海軍が壊滅し、さらにテッサリアのクランノンでギリシア連合軍がマケドニア軍に大敗をきっした。これをもって、ギリシア諸都市がマケドニアから独立をはたす望みは最終的に断たれることとなった。アンティパトロスは、降伏したアテネにマケドニア軍を駐留させて占領体制をしき、アテネの参政権を一定の財産をもつ上層市民に制限する一種の寡頭《かとう》政を樹立して民主政を廃止した。その後のヘレニズム時代の複雑な権力争いのなかで、アテネの民主政は外国の勢力を後ろ楯として一時的に復活することもあったが、二〇〇年近い伝統を誇る真の意味でのポリス民主政は、この時点で終焉をむかえたのである。

2　ヘレニズム時代

後継者戦争の時代

アレクサンドロス大王の時代からローマによるプトレマイオス朝エジプトの併合(前三〇年)までのおよそ三〇〇年間は、通常「ヘレニズム時代」と呼ばれる。アレクサンドロスの空前の大遠征によってあらたに歴史的現実となった空間的にも時間的にも広大な世界に「ヘレニズム」の名を冠したのは、十九世紀のドイツの歴史家ドロイゼンである。この約三世紀は、アレクサンドロスが征服した領域にギリシア文化が拡大普及していった時代と位置づけられ、ギリシア古典期に続く時代としての大きな歴史的意味が付与されたのである。欧米におけるヘレニズム史研究は近年活況を呈しているが、これまでのヨーロッパ中心史観に基づく一面的な見方への反省から、ヘレニズム世界をオリエント史に即した立場でオリエントの側からとらえようとするあらたな視点が生まれ、ドロイゼン以来の古典的なヘレニズム時代像の根本的な見直しが進んでいる。アレクサンドロスが遺した巨大な版図は地域による著しい多様性を有し、この時代の全体像を論じるのは容易なことではないが、ここではヘレニズム時代のギリシア世界の様相を概観していきたい。

前三二三年のアレクサンドロスの急逝は、彼の「後継者《ディアドコイ》」を称する数々の有力武将たちによる熾烈《しれつ》な跡目争いを引き起こした。いわゆる「後継者戦争」の始まりである。ペルディッカス、アンティパトロス、カッサンドロス、ポリュペルコン、アンティゴノス、デメトリオス、プトレマイオス、リュシマコス、セレウコス、エウメネスらのあいだの錯綜した抗争は、アンティゴノス・ゴナタス（在位前二七七頃〜前二三九）の即位によるアンティゴノス朝マケドニアの確立までのおよそ半世紀にわたって、アレクサンドロスの広大な遺領を舞台に繰り広げられた。

アレクサンドロスの急死後、王位継承をめぐる激しい論争の末、大王の異母兄弟で知的障害のあったアッリダイオス（フィリッポス三世）と大王の遺児アレクサンドロス四世の両者が名目上共同統治をおこなうというかたちで妥協が成立し、ペルディッカスが二人の王の摂政として第一の地位を占めた。アンティパトロスやプトレマイオスらはペルディッカスに対抗して共同戦線を張り、前三二一年にエジプトへ遠征したペルディッカスが没すると、北シリアのトリパラデイソスで会議が開かれた。この会議で武将たちの協定が成立し、アンティパトロスが摂政、アンティゴノスが王国軍隊の最高司令官の地位をえた。その後、前三一九年に老齢のアンティパトロスが息子のカッサンドロスをさしおいてポリュペルコンを後任の摂政に任命して病没すると、後継者戦争はあらたな段階をむかえる。カッサンドロスはリュシマコス、アンティゴノス、プトレマイオスと同盟してポリュペルコンに対抗し、翌前三一八年からカッサンドロスとポリュペルコンの抗争が本格化した。カッサンドロスはフィリッポス三世の妃エウリュディケと同盟し、ポリュペルコンは大王の母オリュンピアスと結んで、熾烈な争いが繰り広げられた。オリュンピアスは前三一七年にフィリッポス三世とエウリュディケを殺害して王家の実権を握るが、カッサンドロスに攻められて翌前三一六年に処刑された。カッサンドロスは、ポリュペルコンを退けたのちアンティゴノスとの対立を深め、武将たちはアンティゴノスに対抗して連合する。戦局は一進一退を繰り返すが、前三一一年、カッサンドロス、アンティゴノス、プトレマイオス、リュシマコスの四武将のあいだで講和が成立した。当座の現状維持を取り決めたこの講和は、独立する四大勢力（事実上セレウコスを含めて五大勢力）の存在を承認し、「帝国」の分裂に拍車をかけることとなった。そうしたなかで、カッサンドロスは名目上の王にすぎなかったアレクサンドロス四世を前三一〇年ころに殺害し、さらにアンティゴノスが前三〇八年ころに大王の実妹クレオパトラを殺害するにおよんで、アレクサンドロスの王家（アルゲアダイ）は滅亡するにいたった。

こうしてアルゲアダイの血統が断絶すると、武将たちは王を名乗るようになり、後継者戦争は一層激しさを増していく。「隻眼《モノフタルモス》」の異名で知られるアンティゴノスは、キクラデス島嶼《とうしょ》同盟を結成してエーゲ海に勢力を伸ばし、前三〇六年にキプロスのサラミス沖の海戦でプトレマイオスに大勝利をおさめたことを契機として、息子デメトリオスとともにはじめて王《バシレウス》の称号を用いた。これを皮切りに、プトレマイオス、カッサンドロス、セレウコス、リュシマコスもつぎつぎと王を名乗り、ヘレニズム諸王国の時代が実質的に幕をあけた。アンティゴノスとデメトリオスは、前三〇二年にコリントスでヘラス連盟を結成してカッサンドロスとの戦争に備え、前三〇一年、小アジア中部のイプソスにおい

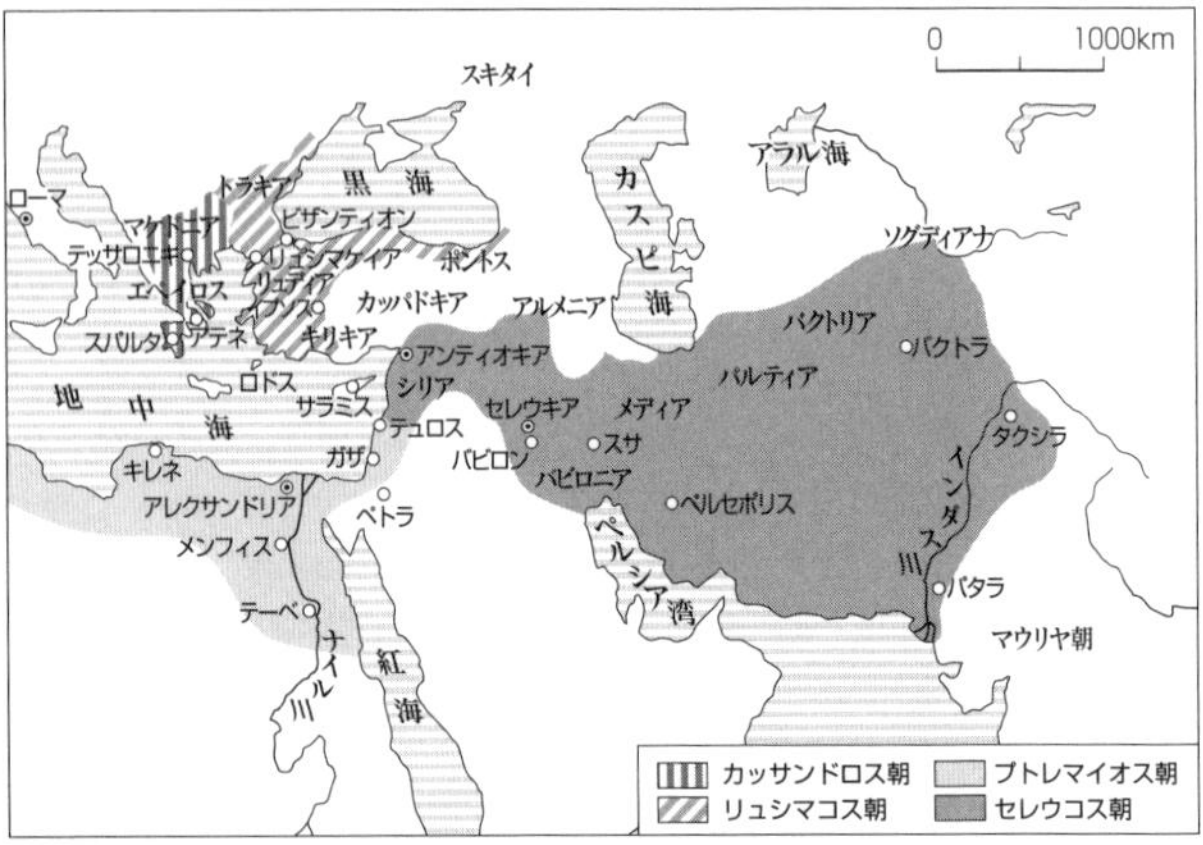

前300年ころのヘレニズム世界

てカッサンドロス、リュシマコス、セレウコスの連合軍との決戦にいどんだ。後継者戦争の大きな画期となるイプソスの戦いである。これまで後継者戦争の中心に位置していたアンティゴノスがこの戦いで敗死したことによって、「帝国」の分裂はいよいよ決定的となり、プトレマイオス（エジプト）、セレウコス（シリアとその以東）、リュシマコス（トラキアと小アジア）、カッサンドロス（マケドニア）の四王国の成立をみることとなった。「都市攻囲者《ポリオルケテス》」の異名をとるデメトリオスは、父の敗死後も強力な海軍を保持して活動を続け、彼の野心と四王のあらたな抗争によって後継者戦争は最終的な局面へと突入していく。

この時期、ポリュペルコンやアンティゴノス、プトレマイオスをはじめとする武将たちは、熾烈な実権争いのなかで、ギリシア人の支持を獲得するために「ギリシアの自由」をスローガンとして掲げ、ギリシア諸都市の民主政樹立をうたっている。とりわけ後継者戦争期のアテネは、武将たちの政治的駆引きのなかで翻弄されて再三政治体制が変わり、民主政と寡頭政のあいだで動揺を重ねた。アテネでは、前三一七年から前三〇七年まで、ペリパトス派の哲学者としても名高いファレロン区のデメトリオスの指導のもとで、穏和な寡頭政がしかれた。デメトリオスはカッサンドロスの傘下で政治をおこない、参政権を一定以上の財産所有者に制限するとともに、アテネ民主政を象徴する制度であった各種の公共奉仕《レイトゥルギア》や公共手当を廃止した。しかし前三〇七年には、カッサンドロスとの決戦に備えてギリシアでの巻き返しをはかるアンティゴノスとデメトリオス・ポリオルケテスがアテネを占拠してファレロン区のデメトリオスを追放し、民主政を復活させた。アテネ人は、これを祝してアンティゴノス父子を神格化し、二人の名前にちなんだ二部族を増設している。イプソスの戦い後は、アテネはカッサンドロスの勢力を後ろ楯とした僭主《せんしゅ》ラカレスの支配下におかれ、その後もデメトリオス・ポリオルケテスによる支配やクレモニデス戦争（一二六頁参照）のなかで混乱を重ねた。

ヘレニズム諸王国の時代――アンティゴノス朝マケドニア

イプソスの戦いののち、エジプトとシリアはそれぞれプトレマイオスとセレウコスによって支配が安定し、武将たちの抗争は残るマケドニアとギリシア本土をめぐって錯綜をきわめた。マケドニア王となったカッサンドロスが前二九八年ころに没すると、デメトリオスはこれを機に攻勢に転じた。アテネは前三〇〇年ころから僭主ラカレスの支配下におかれていたが、デメトリオスはまず前二九七年にアテネを包囲し、前二九五年にラカレスを追放して駐留軍をおいた。さらに翌前二九四年には、カッサンドロスの死後の王位継承問題の紛糾に乗じて、マケドニアの王位に就くことに成功する。彼はテッサリアに自らの名にちなんだ都デメトリアスを建設して支配の強化をはかるが、前二八八／二八七年にリュシマコスとエペイロス王ピュロスによってマケドニアから追放され、マケドニアはリュシマコスとピュロスの手で分割された。同じころ、アテネもオリュンピオドロスとカリアスの指導のもとでデメトリオスにたいする蜂起を起こし、その駐留軍を追放した。デメトリオスはなおも勢力挽回をねらうが、前二八六年にセレウコスに捕えられ、幽閉されたまま三年後に没した。

イプソスでの勝者の一人であるリュシマコスは、アンティゴノスの死により著しく勢力を増大させ、一時はマケドニアにおける支配も確立した。しかしその後、王家の内紛がセレウコスとの争いに発展し、前二八一年、リュディアのクルペディオンの戦いで戦死をとげた。こうしてリュシマコスの王国は崩壊し、トラキアと小アジアに広がる彼の領土はセレウコスの手中に帰した。勝利の余勢をかるセレウコスは、アレクサンドロスの「帝国」の本拠地であり武将たちの垂涎《すいぜん》の的であったマケドニアを支配する野望をいだき、同年マケドニアに軍を進めるが、プトレマイオスの息子プトレマイオス・ケラウノスに暗殺された。これをもって、アレクサンドロスの後継者を称して争ってきた武将たちはすべて姿を消すこととなった。

北方のバルバロイ(八頁参照)からギリシア世界を守る防壁の役割をはたしていたリュシマコスの王国の崩壊は、アルプスの北からのガリア人の侵入を招いた。彼らはマケドニア、トラキア、テッサリアを襲撃し、ギリシア世界に大きな被害を与えた。ギリシア中部ではブレンノスの率いるガリア人の一派がデルフォイまで到達するが、ボイオティア人とアイトリア連邦がこれを撃退し、小アジアに侵入した一派は、シリアのアンティオコス一世によって退けられた。マケドニアでは、このガリア人の侵入がデメトリオスの息子アンティゴノス・ゴナタスにまたとない好機を与えることになった。父の旧領の回復をめざすゴナタスは、前二七七年ころにトラキアのリュシマケイアでガリア人を決定的に撃ち破って名をあげ、ついにマケドニアの王位に就くことに成功したのである。

ゴナタス(在位前二七七頃〜前二三九)の即位によるアンティゴノス朝マケドニアの成立は、カッサンドロスの死以来、デメトリオス、ピュロス、リュシマコス、セレウコス、プトレマイオス・ケラウノスとめまぐるしい支配者の交代をみた、四半世紀におよぶ激動の混乱期に終止符を打ち、以後、アンティゴノス朝はローマによって征服されるまで安定した王朝としてマケドニアを支配することになる。これをもって、プトレマイオス朝エジプト、セレウコス朝シリアとあわせてヘレニズム三大王国が確立し、三王国が鼎立するヘレニズム世界の枠組みが整ったのである。

マケドニアにおける支配権を確立したゴナタスは、ギリシア中・南部への進出をはかるが、前二六七年ころ、アテネとスパルタが同盟し、エーゲ海の制海権を獲得したエジプトのプトレマイオス二世の支援を受けて、マケドニアのギリシア支配にたいする蜂起を起こした。同盟の提唱者であるアテネのクレモニデスの名をとって「クレモニデス戦争」と呼ばれるこの反マケドニア蜂起は、前二六一年ころにアテネの降伏によって終結した。ゴナタスはアテネに寡頭政をしいてマケドニア軍を駐留させ、アテネをふたたびマケドニアの支配下においた。

ゴナタスは、治世末期には、シキュオンのアラトスの指導のもとで急成長をとげたアカイア連邦との熾烈な争いになやまされた。前二三九年にゴナタスにかわって王位に就いたデメトリオス二世(在位前二三九〜前二二九)は、アカイア連邦がアイトリア連邦と連合して起こした「デメトリオス戦争」(前二三八〜前二二九年)と呼ばれる対マケドニア戦争を戦った。この戦争の結果、アカイア連邦はさらに勢力を拡大し、アテネはマケドニア駐留軍から解放されて自由を回復した。以後のアテネは、消極的な中立政策をとって生き残りをはかり、前二世紀にはいるとローマの忠実な同盟者として平和を享受することになる。

前二二九年にデメトリオス二世が北方のダルダニア人との戦いで没すると、マケドニアはギリシア世界からの後退をよぎなくされた。デメトリオス二世の幼少の息子フィリッポス五世の後見役としてあとを継いだアンティゴノス・ドソン(在位前二二九頃〜前二二一)は、勢力の挽回をめざし、前二二四年に自らを盟主としてヘラス連盟を結成した。続いて、彼は親マケドニアに転じたアカイア連邦と連合し、前二二二年にスパルタ付近のセラシアの戦いで、王クレオメネス三世の率いるスパルタ軍を壊滅させた。ドソンは翌前二二一年に病没し、かわって即位したフィリッポス五世(在位前二二一～前一七九)は、同盟市戦争(前二二〇～前二一七年)においてスパルタ、エリス、アイトリア連邦と戦った。戦争はマケドニア側が優勢のまま膠着《こうちゃく》状態に陥り、前二一七年、現状維持を取り決めたナウパクトスの和約が成立した。その後、フィリッポス五世はカルタゴのハンニバルと同盟を結んでアドリア海方面への勢力拡大を企て、前三世紀末にバルカン半島への進出を開始したローマとの争いに突入していくことになる。

前三世紀末までに東地中海世界において有力な国家として台頭し、続くローマとヘレニズム諸王国の錯綜した争いのなかでローマの友好国として重要な役割をはたすのが、ロドス共和国とペルガモン王国である。ヘレニズム時代は海上交易がきわめて広域化・活発化した時代であるが、東地中海交易の中心地としてデロス島とならんで隆盛をみたのが、小アジア南西沖の海上交易路の要衝に位置するロドスである。強力な海軍を擁するロドスは、アレクサンドロスの没後に独立を回復し、デメトリオスが「都市攻囲者《ポリオルケテス》」の異名をえるにいたった前三〇五年の丸一年にもおよぶ包囲戦にもたえぬいた。以後も前三世紀を通じて中立政策をとりつつヘレニズム諸王国の群立のなかで完全な独立を享受し、かつてのアテネにかわる中継貿易港として繁栄を誇った。国際的な貨幣交換の要として栄えたロドスの海上取引法は、ローマ、ビザンツ、中世ヴェネツィアをへて後世に影響を与えたギリシア法として知られている。前三世紀末からのローマ対シリア、マケドニアの争いにおいては、一貫してローマに協力する姿勢を示して大きな利益をえるが、第三次マケドニア戦争(前一七一〜前一六八年、一三六頁参照)の際、ロドスの曖昧な態度がローマの不信を招くことになる。前一六七年には、デロスがローマから自由港の地位を与えられ、アテネの管理下にはいって関税の免除権を獲得したことにより、ロドスは大きな経済的打撃を受け、ついにローマに服属するにいたった。それまでの地中海交易の中心地であったロドス、カルタゴ、コリントスのあいつぐ没落によって、以後はデロスがエーゲ海最大の商港となり、奴隷取引を中心に繁栄をきわめた。

小アジア北西部のペルガモンは、前二八二年にアッタロス朝がセレウコス朝シリアの宗主権下で支配を確立し、その後エウメネス一世(在位前二六三〜前二四一)の時代にエジプトの支援を受けてセレウコス朝から独立した。前二三〇年にガリア人を破って名声をえたアッタロス一世(在位前二四一〜前一九七)がはじめて王を名乗り、ペルガモン王国はヘレニズム諸王国のひとつとして繁栄を誇った。首都ペルガモンは小アジア最大の都市として栄え、ヘレニズム文化の一大中心地となった。ローマの進出にあたっては親ローマの立場を貫き、前二世紀にはセレウコス朝の勢力の後退にともなって領土を拡大するが、しだいにローマの圧力に屈していく。最終的に、前一三三年の王アッタロス三世(在位前一三九/八〜前一三三)の死に際してその領土がローマに遺贈され、小アジアにもローマの直接支配がおよぶことになった。

アイトリア連邦・アカイア連邦

ヘレニズム時代のギリシア世界は、基本的にはいぜんとしてポリスの時代であり、市民の共同体としてのポリスという政治単位は、ヘレニズム時代・ローマ時代を通じて維持された。しかし、ヘレニズム諸王国の角逐のなかで個々のポリスの限界性が明らかとなり、ポリスの枠をこえようとする動きがこの時代の初期から顕著にみられるようになる。アシュリア(報復免除)やプロクセニア(いわゆる名誉領事制度)といった制度の発展や、複数のポリス間相互の結びつきを強化することをめざした市民権の互換共有(イソポリテイア)や市民権の一本化(シュンポリテイア)がヘレニズム時代の特徴として知られ、地中海交易の隆盛もそうした動きに拍車をかけた。

ポリス相互の結びつきを強めるこのような動きは、従来のポリスの枠組みをこえた広い政治組織の形成にいたり、前三世紀にはアイトリア連邦とアカイア連邦に代表される連邦組織の興隆が知られている。個々のポリスの限界性や相対的な弱さを克服する可能性をもつこれらの連邦は、ポリス世界最後の大きな政治勢力として、マケドニア、シリア、ローマといった強国との連携と対立を繰り返しながら、前三～前二世紀の東地中海世界の複雑な国際政治のなかで重要な役割をはたすことになる。

こうした連邦組織が成立したのは、古典期にはポリスの形成が遅れたギリシア辺境の後進地とみなされていた地域である。ギリシア北西部に成立したアイトリア連邦は、前三世紀初頭のガリア人の侵入に際してデルフォイを防衛して急速に台頭し、デルフォイのアンフィクテュオニア(隣保同盟)における主導権を獲得して領土を広げた。前三世紀後半になると、ギリシア中部を中心に一層活発な動きをみせて全盛期をむかえ、アカイア連邦やスパルタ、マケドニアと錯綜した勢力争いを展開していく。前三世紀末に始まるローマのギリシア進出にあたっては、当初は親ローマの姿勢をとるが、第二次マケドニア戦争(前二〇〇〜前一九七年)でローマが勝利をおさめると、反ローマ勢力の中心となってシリアのアンティオコス三世と同盟を締結した。しかし、シリアと結んで参戦したシリア戦争(前一九一〜前一八八年)でローマに敗れたことにより、実質的な独立を失うにいたった。

ペロポネソス半島北部に成立したアカイア連邦は、前五世紀に起源をもつ連邦組織を継承しつつ、前二八〇年に再組織されて台頭し、ペロポネソス半島における一大勢力となった。前二五一年にシキュオンを僭主政から解放してアカイア連邦に加盟させたアラトスが連邦の実権を握ったのち、飛躍的な発展をとげ、アカイア以外のペロポネソス半島の諸ポリスをつぎつぎと加盟させて半島の大半を包摂する強大な勢力に成長した。アラトス指導下のアカイア連邦は一貫して反マケドニアの姿勢をとり、アイトリア連邦と結んでマケドニアのデメトリオス二世と戦ったデメトリオス戦争(前二三八〜前二二九年)を通じてさらに勢力を拡大した。しかし、前二二〇年代に王クレオメネス三世のもとで急速に台頭したスパルタとの戦い(クレオメネス戦争)において劣勢になると、劇的な政策転換をとげてマケドニアに与《くみ》し、前二二二年にはマケドニア王ドソンとともにセラシアでスパルタ軍を壊滅させた。前二世紀にはいると、名将の誉れ高い指導者フィロポイメンのもとでなおも発展をとげ、前一九二年にはスパルタを、翌年にはエリスとメッセニアを併合してペロポネソス半島を統一するにいたった。前一六八年に第三次マケドニア戦争を制したローマがマケドニアを解体すると、アカイア連邦はギリシア世界における最後の砦ともいうべき存在となるが、前一四六年にローマにたいする決戦をいどんで完敗をきっした。連邦の中心都市コリントスがローマ軍に徹底的に破壊されて廃墟と化し、アカイア連邦の栄光はギリシア世界の独立とともに事実上幕を閉じることになった。

スパルタの改革——アギス、クレオメネス、ナビス

アレクサンドロスの遠征以降大きな変貌をとげたギリシア世界では、貧富の差が著しく拡大するが、こうしたヘレニズム時代のギリシアの社会問題を考えるうえでの格好の事例が、前三世紀後半のスパルタである。この時期のスパルタでは、かつての栄光の復活をめざして、アギス四世(在位前二四四〜前二四一)とクレオメネス三世(在位前二三五〜前二二二)という二人の青年王があいついで国制改革を企てたことが知られている。

スパルタでは、すでに前四世紀から社会の変質が進行しており、ペロポネソス戦争に勝利をおさめたものの、国内に深刻な社会問題をかかえていた。さらに前三七一年のレウクトラの戦いに敗れたのちにメッセニアを失ったことで、社会の基盤であったリュクルゴス体制が崩壊するにいたる。前四世紀後半になると貧富の差の拡大と少数者への土地の集中が加速し、完全市民であるスパルタ市民《スパルティアタイ》の数

の減少が深刻な問題となった。こうした状況は前三世紀にはいると一層進み、前二四四年にアギス四世が即位する直前のスパルタでは、市民数は七〇〇人、そのうち土地を所有する富裕者はわずか一〇〇人余りと伝えられる。こうした富裕者への土地の集中と市民数の激減《オリガントロピア》によって、この時期のスパルタは大きな危機に直面していたのである。

リュクルゴス体制への復帰をめざし、スパルタの衰退を押しとどめようとするアギスは、即位するとただちに「父祖の国制」の回復をスローガンとして掲げ、債務の帳消しと土地の再分配を骨子とする市民団再建策を打ち出した。彼は、改革反対派の中心人物である共治の王レオニダスを国外に追放して債務の帳消しを断行するが、前二四一年に反対派の富裕者たちがレオニダスを復位させた。アギスは処刑されて改革事業は水泡に帰し、結果として、スパルタにおける貧富の差は一層拡大することとなった。

そのアギスの遺志を継いだのが、前二三五年に即位したレオニダスの息子クレオメネス三世である。彼は前二二七年にクーデタを起こし、ただちに国制改革に着手する。反対派を追放し、アギスがはたせなかった土地の再分配を断行するとともに、ペリオイコイ（自由身分であるが、政治への参加は認められなかった者、六七頁参照）や外国人に市民権を与えて市民団を再建した。アギスの理念を実現するこうした改革によって軍事力を強化したスパルタは、おりからのアカイア連邦との戦いにおいて優位に立ち、国際舞台への復帰をはたした。しかし、前二二二年にスパルタ付近のセラシアで、アカイア連邦と結んだドソンの率いるマケドニア軍に惨敗した（一三〇頁参照）。スパルタはマケドニアに占領され、エジプトに亡命したクレオメネスは、前二一九年にアレクサンドリアで蜂起を企てるが失敗し、非業の死をとげた。

理想にもえた二人の王の改革があいついで失敗したのち、スパルタは親マケドニア派と親アイトリア派が激しい抗争を繰り広げる混乱期に陥るが、マケドニアにたいする同盟市戦争に参戦し、前二一七年のナウパクトスの和約によって外交的な自立を回復した。続く第一次マケドニア戦争（前二一四〜前二〇五年）ではローマ側について戦うが、前二〇七年のマンティネイアの戦いでアカイア連邦軍に大敗をきっすると、その年に即位したナビス（在位前二〇七〜前一九二）が、スパルタの軍事力の回復をめざして、第三の改革に着手した。

ナビスは、ヘイロタイ（六六頁参照）を解放して市民団を再建するなど、精力的な社会改革を押し進め、さらに、アルゴスにおいても債務の帳消しと土地の再分配をおこなって、スパルタの外へ改革を「輸出」した。しかし、前一九五年にローマとの戦争（ナビス戦争）に惨敗し、前一九二年にはフィロポイメンの率いるアカイア連邦軍に敗れた。その直後にナビスは暗殺され、アカイア連邦がスパルタを併合した。独立のポリスとしての再生をめざすスパルタ最後の改革事業も、クレオメネスの改革と同様、国際政局のなかであえなく潰《つい》えてしまったのである。

ローマのギリシア進出

前三世紀後半、ギリシア世界にあらたな主役が登場する。すでにイタリア半島の統一を完了し、第一次ポエニ戦争（前二六四～前二四一年）を制して勢いにのるローマである。以後のギリシア世界の歴史は、西方のローマの動きと密接に連動しながら展開していくことになる。

ローマのバルカン半島への介入は、前二二九年の第一次イリュリア戦争に始まる。ローマはこのときはじめてアドリア海をこえてバルカン半島に渡り、マケドニアと友好関係にあるイリュリアを撃ち破った。こうしてローマはイリュリアを介してマケドニアと接触をもつようになるが、両国の直接的な関わりはフィリッポス五世の治世にはいってからである。ローマは前二一九年にファロス島の豪族デメトリオスと争った第二次イリュリア戦争にも勝利をおさめ、イリュリアにたいする圧力を強めるが、その翌年に第二次ポエニ戦争（前二一八～前二〇一年）が始まり、カルタゴのハンニバルとの死闘に突入することになる。

前二一六年のカンナエの戦いでローマがカルタゴに大敗をきっしたのを受けて、マケドニアのフィリッポス五世は翌年ハンニバルと同盟を結び、アドリア海方面への勢力拡大を企てた。これはローマにマケドニアへの介入の口実を与え、ローマはアイトリア連邦、ペルガモン、スパルタと結んでマケドニアを牽制するための軍事行動を起こした。こうして始まった第一次マケドニア戦争は前二〇五年のフォエニケの和約で終息し、以後、フィリッポス五世は西方への直接の介入を避ける方針をとった。

ローマは前二〇一年に第二次ポエニ戦争に勝利をおさめて西地中海における覇権を確立し、これを契機にギリシア世界に矛先《ほこさき》を向け、東地中海への本格的な進出に着手する。フィリッポス五世がシリアのアンティオコス三世と結んでプトレマイオス朝の海外領土への進出をはかると、これを警戒したロドスとペルガモンがローマに支援を要請し、ローマはこの要請に応えるかたちでマケドニアに軍を進めた。ギリシア本土に広汎な影響をおよぼしたこの第二次マケドニア戦争は、以後のローマの大々的なギリシア進出の幕開けとなった。

前一九七年にテッサリアのキュノスケファライの戦いで大勝利をおさめたローマは、翌年マケドニアに厳しい和平条約を課し、フィリッポス五世はギリシア世界からの撤退をよぎなくされた。このとき、ローマの将軍フラミニヌスは、コリントスで開催されたイストミア祭において、すべてのギリシア人の自由を高らかに宣言した。ローマは以後、表面的にはギリシアの「自由」の擁護者としての立場をとりつつ、マケドニア、アカイア連邦、アイトリア連邦、スパルタなどの諸勢力の合従連衡《がっしょうれんこう》を巧みに操りながらギリシア世界に勢力を伸長させていった。後継者戦争のさなかにも武将たちやヘレニズム諸王によって権力掌握の手段としてたびたび宣言されたギリシアの「自由」であるが、今回も、実際にはローマの権威のもとでの「自由」であり、ローマへのあらたな従属の現れにすぎないことが明らかになっていく。

その後、アイトリア連邦を中心とする反ローマ勢力は、当時東方でもっとも強大な勢力を誇り、

「大王」の称号をえていたシリアのアンティオコス三世と連携した。前一九一年、アンティオコスは小アジアをめぐってローマと対戦するが（シリア戦争）、前一九〇／一八九年のマグネシアの戦いでローマ軍に敗れ、前一八八年にアパメイアの和約を締結した。これによってシリアは小アジアの領土の大半を失って東地中海世界から大きく後退し、かわってロドスとペルガモンが領土を拡大した。

シリア戦争を制したローマはギリシア世界から全軍を引き上げ、フィリッポス五世は第二次マケドニア戦争以後ローマと公然と事を構えるのを避けてマケドニアの国力の充実につとめたため、つぎのペルセウス（在位前一七九～前一六八）の治世まで、ローマとマケドニアの直接対決はみられなかった。アンティゴノス朝マケドニア最後の王ペルセウスは、前一七九年に即位したのち攻勢に転じてふたたびローマと対立するにいたり、前一七一年、最後の戦いとなる第三次マケドニア戦争が始まった。ペルセウスは前一六八年のピュドナの戦いでローマの将軍パウルスに惨敗し、マケドニアは四つの共和国に分割されてローマの保護下におかれた。アカイア連邦の指導者として活躍し、のちにヘレニズム時代最大の歴史家として名をはせるポリュビオスは、このとき、ローマがアカイア連邦に要求した一〇〇〇人の人質の一人としてローマに連行されている。その後、前一四九年にペルセウスの落胤《らくいん》と称するアンドリスコスがマケドニアの王位に就いて反乱を起こすが、翌年ローマに敗れ、マケドニアは前一四六年にローマの属州の地位に転落した。

この年、アカイア連邦もローマに屈し、ギリシアの自由と独立は名実ともに失われることとなった。

同年カルタゴをくだして第三次ポエニ戦争(前一四九〜前一四六年)を制したローマは、ついに地中海世界のほぼすべてをその支配《インペリウム》のもとにおくにいたったのである。

ヘレニズム時代の文化

ヘレニズム時代は、都市文明の時代といわれる。ヘレニズム諸王は、アレクサンドロスの広大な遺領に数多くの都市を建設し、これらの都市では共通語《コイネー》として普及したアッティカ方言のギリシア語が用いられ、ギリシア風の文化が開花した。

ヘレニズム諸王はギリシア文化を積極的に保護奨励する方針をとり、アレクサンドリアやペルガモンをはじめとする王都で王家の手厚い庇護のもとに文化的な活動が花開いたのが、この時代の特徴である。ヘレニズム世界最大の都市となったプトレマイオス朝エジプトの首都アレクサンドリアは、研究施設ムセイオンとそれに付属する大図書館が設けられ、学芸の都として繁栄をきわめた。ムセイオンには地中海世界各地から数多くの学者が招かれて大々的な研究がおこなわれ、ホメロスをはじめとするギリシア古典の校訂と註釈を体系化した文献学が成立して後世の研究に大きく貢献し、幾何学、天文学、地理学、医学などの自然科学もめざましい発展をとげた。小アジア北西部のペルガモンも、アレクサンドリアにつぐヘレニズム世界第二の規模を誇る大図書館を擁して当代の文化の一大中心地として栄えた。前二世紀前半にこの地に建立され、その壮大な浮彫りで名高いゼウスの大祭壇は、へレニズム彫刻の粋として知られている。

ポリスの限界性が明らかとなったこの時代、文化の面でもポリスの枠をこえようとする思想が生まれ、ポリスを離れた個人の幸福を追求するストア派やエピクロス派に代表される個人主義の哲学が隆盛をみた。こうした哲学の中心地はいぜんとしてアテネであり、アテネはヘレニズム世界の政治の表舞台から退いたのちも文化と学芸の中心としての名声を保ち、ヘレニズム時代・ローマ時代を通じて地中海世界各地からアテネに遊学する者はあとをたたなかった。

前三世紀末からローマが東地中海への進出を開始すると、それにともなってヘレニズム世界の文化がローマに導入されていく。ローマ人のあいだでギリシア文化への心酔が高まり、文学や哲学、美術から宗教にいたるまで、ギリシアの文化はローマの地中海制覇の過程のなかでローマに着々と根を張っていった。こうしてローマは、ギリシア文化を摂取して西欧に伝達し、西欧文化の源泉を生み出すという大きな世界史的役割をはたすことになるのである。

3　ローマ帝国内のギリシア

ギリシアとローマの東方進出

　前一四六年にマケドニアがローマの属州となるとともに、ギリシアはマケドニア属州総督の監視下におかれることとなった。諸ポリスがローマにたいしてとった姿勢は一様ではなく、たとえばアテネはローマに友好的であったが、アカイア連邦やボイオティアの大半の都市はその逆であった。アテネの上層の市民たちはローマ元老院の意向を受けて、役人の選出方法を抽選から投票へ変更したり、役人の重任を認めたり、執務報告審査を廃止するなどの一連の改革を実行し、国制は寡頭政的傾向を強めた。

　このようにアテネはローマの実質的な支配のもとで、文化と商業の中心都市として繁栄した。その商業的繁栄は、前一六八年以降、約一二〇年のあいだ鋳造されたアッティカ式新型貨幣が、東地中海域においてもっとも広く流通した通貨のひとつであったことからもうかがえる。この貨幣が多く出土しているデロスは、地中海交易の中心地として商業利益を求めるアテネの富裕者たちを引きつけただけでなく、ローマ人やイタリア人の商人たちも多数がここに移住し、この島を媒介にギリシア人との相互交流をさかんにおこなった。

小アジアではペルガモン王国がアッタロス三世(在位前一三九/八~前一三三)の死とともにローマに遺贈された。これに反対して王の異母弟アリストニコスが反ローマの闘争を起こすが、前一二八年に鎮圧され、小アジア西部にローマ属州アシアが建設された。以後も、総督の巡回裁判所の所在地となったペルガモンをはじめ、小アジアのギリシア人諸都市は存続し、アシアはローマ帝国の国庫を潤す重要な属州となった。

一方、小アジア東北部に位置するポントス王国は、繁栄のなかでまず黒海北岸まで領土を拡大すると、つぎには小アジア西部への進出に着手し、前九〇年にカッパドキア、ビテュニアにそれぞれ傀儡《かいらい》政権を設けた。東方への拡大政策を推進していたローマは、このようなポントスの拡大政策を阻止する動きにでたため、前八九年にポントス国王ミトリダテス六世(在位前一二〇~前六三)とローマとのあいだに戦争が始まり、以後、前六四年まで三次にわたる戦争が両者のあいだで続いた(第一次ミトリダテス戦争は前八九~前八四年、第二次は前八三~前八一年、第三次は前七三~前六四年)。戦局の初期にはミトリダテスが優勢で、エフェソスやミュティレネなどのギリシア人の都市も彼を歓迎した。ミトリダテスが前八八年初めまでに小アジアの大部分を掌握すると、上記の都市に加え、ペルガモン、カウノス、トラレイスなどの都市住民が歓呼して彼をむかえた。ただし、カリアや前一六四年以来ローマに服属していたロドスなどは反ミトリダテスの姿勢を貫き、後者は前八八年、激しい海戦の末にミトリダテスを退けた。

デロスの市場跡　エーゲ海に浮かぶデロス島は，神話上はアポロンとアルテミス誕生の地で，前5世紀にはイオニア人の聖地としてデロス同盟の本部が一時おかれたこともあった。その後も一大聖域として人々を集め，東地中海交易の一大中心地へと発展した。前166年にローマからこの島の管轄をゆだねられたアテネは，ここを自由港としたため，とくに奴隷市場として殷賑を極めたが，前1世紀末にはミトリダテス配下の軍や海賊の襲撃にあい，急速に衰えた。

ミトリダテスは小アジアの諸都市に居住する全イタリア人の殺害を命じ、実際に前八八年前半に大量殺戮《さつりく》が実行された。その数はプルタルコスのいう一五万人（『スッラ伝』）は誇張であるとしても、数万人に達したとみられる。ミトリダテスによる小アジアの解放にたいするギリシア本土の諸ポリスの反応はさまざまであった。ボイオティア地方の諸市やテーベは、ミトリダテス支持からローマ軍の将軍スッラ（前一三八〜前七八）支持へと態度を変えた。ところがアテネは、ミトリダテスの動きに呼応して反ローマ派が民衆の支持をえて発言力を増し、ミトリダテス支持にまわったため、同市は反ローマ派の人々の牙城となった。デロス島における商業で成り上がった新興富裕者の利害のゆえ、あるいは、黒海沿岸からの穀物輸入に重要な地理上の位置にあるヘレスポントスをミトリダテスが掌握していたため、という説明もされている。しかし、それだけではあるまい。アントニウスが前一〇二年から前一〇〇年にかけて小アジア南部沿岸に海賊対策のために遠征した際に、アテネは支援の船を派遣し、親ローマの政策を明確にしたが、その数年前の前一〇九／一〇八年にアテネとシキュオンのあいだで紛争が生じたときには、両都市はローマではなくてラリッサの仲介をえて和解にいたっている。つまり、アテネにおいてローマの政治的影響力はそれほど強力に浸透してはいなかったとみるべきだろう。

「ミトリダテス王」と刻印のあるアテネの貨幣は前八八／八七年の発行とみられており、また、ミトリダテスは前八七／八六年の筆頭アルコンに任命されたらしい。これらから、アテネでは当時反ローマ勢力の優勢が決定的であったのは明らかである。このような政策にたいする批判ももちろんあり、プラトンが創設した学園、アカデメイアの学頭フィロンはローマへ避難し、デロスはアテネとの友好関係を解消した。そのデロスはミトリダテスの将軍アルケラオスによって征服され、アテネに寄贈された。

一方、ローマ元老院は東方における情勢に対処するため、コンスル(執政官)だったスッラに対ミトリダテス戦争の指揮権を授与する。前八七年にローマから到着したスッラはアテネの変心を怒り、市を包囲攻撃し、容赦ない大量殺戮と市街の徹底的破壊という報復にでた。アゴラの建造物も中心市とペイライエウスを結ぶ長城壁も破壊された。スッラはこのとき多数の美術品をイタリアへ運び去ったといわれている。アテネは国制を寡頭政に変更させられた。ミトリダテスとの戦いに勝利したスッラは前八四年に帰国したが、エピダウロス、デルフォイ、オリュンピアの神域の財宝をも奪い去っていった。また、小アジアにおいても戦争による荒廃と戦後にローマに支払った多額の弁償金で経済的な困窮者が続出し、小土地所有者たちが没落する一方で、少数の大土地所有者が出現した。このような小アジアにおける経済的に過酷な状況は東地中海における海賊の増加を招いた。海賊になったのは没落市民や解放奴隷、逃亡奴隷、兵士や漕ぎ手上がりの浮浪者たちだった。海賊の問題はローマをのちになやませることになる。また、ミトリダテスはその後もローマにたいして二度の戦争を起こしたが、前六六年に対ミトリダテス戦の指揮権を獲得したポンペイウスとの戦闘に敗れ、息子に反旗をひるがえされ、失意のうちに前六三年に没した。

内乱から元首政成立へ

前一世紀はローマ史において内乱の世紀と呼ばれているが、この内乱における戦闘の多くはギリシア本土を舞台に展開し、この地の住民たちに多くの損害をもたらした。ポンペイウスとカエサルも、ややあとにはオクタウィアヌスとアントニウスも、物資や兵員の提供をギリシア諸市に要求し、ギリシア世界に不断の圧力をかけた。キケロが友人アッティクスに「エーペイロスが荒らされることが心配される。しかし、ギリシアのどの地方が掠奪に遭わずに済むだろうか。ポンペイウスは、分配する分け前の量でカエサルの一枚上をいくだろうと公言し、そう兵士たちに約束している」(キケロー『アッティクス宛書簡集』、高橋英海・大芝芳弘訳)と書き送っていることからもうかがわれるように、アテネやメガラなど掠奪を受けた都市も少なくない。アテネの場合、前八六年以来ふたたびローマの同盟国として名目上の独立を保っていたが、実際にはわずか一〇年程のあいだにポンペイウス、カエサル、ブルートゥス、アントニウスによる支配をつぎつぎと受けた。彼らはいずれもアテネに好意的であったが、とくにアテネへの崇敬の念をあらわにしたアントニウスと妻のオクタウィアは「善行神(テオイ・エウエルゲタイ)」として歓迎され、アントニウスは前三八年にアテネに貴族政権を成立させ、アイギナなどの島々をアテネに帰属させた。

前三一年のアクティウムの海戦で勝利したオクタウィアヌスは、以後ローマ世界の東部を配下におさめ、前二七年エーゲ海やアイトリア、アカルナニア、エペイロスの一部を含むギリシア本土の大部分を占める属州アカイアを制定した。前一四六年以降もローマの直接支配からはまぬがれていたクレタとキプロスのうち、クレタは属州キレナイカの一部となり、クノッソスではなくゴルテュンが行政の中心都市となった。キプロスは単独で小属州の地位をえた。以後のローマはギリシア支配に際し、かつてマケドニア王国がおこなっていた政策をほぼ踏襲し、諸ポリスを属州内の地方都市として存続させ、これらの都市をとおして統治をおこなった。

ギリシア本土は属州アカイアとしての地位に就くまで、アシアほどには戦乱による痛手は受けなかったものの、もともと肥沃な農地にも豊富な天然資源にもめぐまれていないため、帝国内のイタリアやスペインとの経済競争には劣勢であった。ギリシアの歴史・地理学者ストラボンはペロポネソス半島のアルカディア、メッセニア、ラコニアの人口が減少したことについて、また、ボイオティアの諸都市の多くが小村に等しくなったり、荒廃してしまったことについて述べており、二世紀の旅行家パウサニアス(一五二頁参照)もコリントスの破壊からネロ帝(在位五四～六八)の治世までのあいだのギリシアは経済的にもっとも衰退が著しかったと述べている。ただし、これらの著述家は、同時代を過去と比べて衰退した時代とするレトリックを多用していた可能性もあり、文字どおりに受け取ることは危険である。コリントスにはローマからの移住者が増加し、前七三年にはイストミア祭の開催も可能となった。

パクス・ロマーナのなかのギリシア

アウグストゥスという称号をえて皇帝となったオクタウィアヌス（在位前二七〜後一四）にとって、内乱以来荒廃したギリシアの社会を安定させることは急務であった。しかし、ギリシア語圏内の属州（アカイア、マケドニア、アシア）におけるローマの支配は、ポリスの伝統を忘れられないギリシア人たちにけっして嬉々として受け入れられたわけではなく、また、アテネが内乱に敗れたアントニウスを支持していたことを考慮すれば、皇帝アウグストゥスのギリシア統治は困難を予想させたし、実際、彼の治世のあいだにギリシア人の反ローマ感情は完全に払拭《ふっしょく》されるまでにはいたらなかった。しかし、アウグストゥスは和解につとめ、諸都市への穀物の分配や、都市がかかえていた債務の免除などの政策を打ち出して、ギリシア人との関係改善に努力した。前二二／二一年の冬にはアイギナとエレトリアをアテネの貢租徴収から解放した。貢租収入を失ったアテネは、前一世紀には枯渇してしまったラウレイオン銀山にかわって市民権の販売を大きな収入源としていたが、アウグストゥスがこれをも禁止したため、アテネは市内に彫像を立てる権利を外国人に認めることで歳入の不足を補った。

アウグストゥスはアテネのローマにたいする感情への配慮もおこたらず、前三一年にはエレウシスの秘儀に入信し、前二七年にはアテネに貨幣鋳造の特権を与え、ケルキュラ、デルフォイ、スパルタ、コリントスにも同じ特権を認めた。このような恩恵にたいして、アテネはアウグストゥスの誕生日を祝ってだされた評議会決議において、彼を「神」と呼び、彼の名を冠したエフェボイの競技会を開催するなど、惜しみなく彼を顕彰した。アウグストゥスもまた積極的にアテネ市内やペイライエウスで神殿の再建活動をおこない、従来のアゴラや新しいアゴラ(いわゆるローマン・アゴラ)における建築活動も推進した。

属州アカイアの地方都市はこれまで考えられていたほどには衰退と停滞のなかに沈んでいたわけではないらしい。一世紀のあいだにエペイロス地方が分れて単独の属州となったが、両属州においてこの世紀後半から三世紀初頭までのあいだ、ローマ帝国支配下のほかの地域と同様に、神殿、劇場、浴場、闘技場、競技場、公会堂などのローマ風建造物が建設され、活況を呈する都市もあったし、あらたに帝国の植民市(コロニアエ)という名目での都市建設も進んだ。たとえば、アウグストゥスはギリシアにまったく新しい都市、すなわちニコポリスの建設を実行した。この都市はアクティウムの海戦場近くに、周辺住民を集住させることによって建設された。属州アカイア、エペイロス内の新旧の都市にはイタリアからローマ市民が移住したばかりでなく、在地のギリシア人でローマ市民権を賦与された者もあらわれ、その数はしだいに増加していった。ローマ時代のギリシア諸都市は、グレコ・ローマンという形容がふさわしいように、制度上も、言語、宗教などの文化面でも、ギリシアとローマの混淆《こんこう》というべき特徴を示した。

ギリシア文化を愛好する皇帝たちはつぎつぎにアテネの都市景観整備のための財政援助をおこない、アテネから「救済者」「恩恵者」などとして顕彰を受けているが、とくにギリシア文化愛好家であったネロは、四大祭典すべての競技会に参加している。これらの競技会は彼の日程にあわせて開催されたのであった。ネロはまた、ローマ人数名を殺害したため自治権を取り上げられていたロドスの住民に自治権を認めているが、この事件が示すように、住民たちとローマ人とのあいだの騒擾《そうじょう》が生じた都市も少なくなかった。属州総督と都市の上層市民が結託して不正な利得を追求する例もしばしばみられた。

ハドリアヌス

アウグストゥスの時代から三世紀中葉にゴート人の侵入を受ける(一五五頁参照)まで、属州アカイアとマケドニアが中心を占めるギリシア世界はパクス・ロマーナの恩恵を受け、内部においても、近隣の属州との関係においてもかつて経験したことのない長期の平和が続くことになる。それまで名目的にであれ独立あるいは自治を享受していた都市も、以後は外部勢力であるローマの支配に制度のうえでも服することになった。歴代の皇帝たちは浴場や劇場、水道の建設とならんで、地震で損傷を受けた神殿の修復やあらたな神殿の建立にも積極的だった。

なかでもギリシア愛好家で知られるハドリアヌス(在位一一七〜一三八)の場合は特筆に値する。一一一七年に帝位に就いた彼は、ガリア、ゲルマニア、ブリタニアをはじめ広大な帝国内の各地を視察してまわった。一二三年には東に向かい、シリア、小アジアの西岸からロドス、サモスを経由してバルカン半島北部の属州を歴訪したあと、ギリシア本土の各地をおとずれ、建造物の修復や新築などによる都市景観の整備をおこない、「アカイア中興の祖」とみなされた。アテネでは、エレウシスの大秘儀に念願の入信をはたしている。四年後にアテネを再訪したときには、大秘儀、小秘儀の両方に参加している。ハドリアヌスがアテネでおこなったさまざまな事業のなかには、前六世紀にペイシストラトスが着手し、アンティオコス四世(在位前一七五〜前一六四)が工事を再開させながら完成できず放置されていたゼウスの神殿オリュンピエイオンの完成もある。この神殿はギリシア最大の神殿であった。だが、ハドリアヌスのアテネにおけるもっとも野心的な事業は、パンヘレニオン祭とその実行組織の創設(一三一／二年)であろう。五属州(アカイア、トラキア、アシア、クレタ、キュレネ)の諸市が派遣する代表が運営したらしいこの祭典について詳細は不明であるが、碑文によれば祭りの開催は二五〇年代まで続いていたらしく、属州アカイアの経済的・文化的再興に貢献し、エーゲ海周辺地域の諸都市の結びつきを緊密にしたらしい。

キリスト教の普及

元首政の時代、歴代皇帝たちのギリシア文化愛好は続いていたが、民衆のあいだではキリスト教の普及が進行していた。小アジアのキリキアに生まれたパウロは、熱心なユダヤ教徒でキリスト教徒の迫害すらおこなっていたのだが、突如キリスト教に回心し、以後熱心なキリスト教徒として四八年以降、伝道のためにエーゲ海沿岸に三度の旅行をして、各地に教会を設立した。こうして、小アジアのガラテア地方、エフェソス、エーゲ海沿岸北部のフィリッピ、テッサロニキ、ペロポネソス半島のコリントスなどの都市にかなりの数のキリスト教徒が出現した。一一〇年ころに小アジアのビテュニア・ポントス州総督として派遣されたプリニウス(大プリニウスの甥)が皇帝トラヤヌス(在位九八〜一一七)に送った書簡とこれにたいする皇帝の回答からは、小アジアの市民たちがキリスト教徒を犯罪人として告発し、プリニウスも皇帝に具申しながらローマ市民権をもたない一部のキリスト教徒を処刑したことが知られている。この往復書簡をはじめ、ほかの史料からも一般民衆がキリスト教徒に反感をいだき、リンチのような迫害をおこなうことはあったが、皇帝たちが積極的、政策的に迫害を遂行することはなかった。

一般市民がキリスト教徒にたいし悪感情をもつ傾向があったという点では、ギリシア本土においても小アジアと事情は変わりなかったであろう。祖先伝来の共同体が主体となっておこなう宗教儀礼を遵守することを敬虔とみなしてきたギリシア人の眼には、伝統的な神々を信じようとせず、自分たちだけの集会を開いて親密な宗教共同体を形成していたキリスト教徒は、無神論者、性的饗宴をおこなう者と映ったらしい。彼らの禁欲や富の嫌悪は古代ギリシアの市民たちには理解しがたかったようである。二世紀のあいだに迫害と殉教の記録は増加した。

ローマ時代のギリシア文化

古典期までのギリシア語は多様な方言からなっていたが、前二世紀末までには共通語《コイネー》が使用されるようになり、方言はほとんど消滅してしまう。ところが、前一世紀後半にいたって極端な古典主義が興り、古典期のアッティカ風文体に復帰しようという擬古主義(アッティキスモス)が知識人のあいだに盛んになってくる。プラトンやデモステネスのような古典期の著作家の文体にかんする精緻な研究が盛んに進められた。第一次ポエニ戦争までのローマ史をはじめ多数の著書を著わしたハリカルナッソスのディオニュシオス(アウグストゥスの時代の著作家)がとくに重要である。

ローマ帝政期の属州アカイアは、出自のよい、富裕なローマ人たちを引きつけ、多くの人々がギリシア、とくにアテネを訪れた。それは、一種の「グランドツアー」と呼ぶべき現象であった。擬古主義は衰えを知らず、修辞学(弁論術)が熱心に学ばれ、アッティカ風文体による散文の作品が多数著わされるようになる。これが第二ソフィスト時代と呼ばれる時代(後六〇年頃から二三〇年頃まで)で、そのような動きは皇帝ハドリアヌスに典型的にみられるようにローマ人がギリシアに文化的な期待感をよせたためであると同時に、ギリシア人側にもローマ支配下で自文化を再定義する必要があったために生じた動きであった。ハドリアヌス自身もギリシア語で詩作している。『英雄列伝』の著者プルタルコスや『ギリシア案内記』の著者パウサニアス、アテネの名門出身でマルクス・アウレリウス帝（在位一六一〜一八〇）とも親しかったヘロデス・アッティコスなど多くの著作家たちの散文作品が現在も残っており、史料としての価値が高いものも少なくない。このような「古《いにしえ》のギリシア」の復権により、ローマ帝国の東部には、西部と異なる独自の文化的な伝統が醸成されることになった。

（1・2節　澤田典子、3節　桜井万里子担当）

＊本章でヘレニズム時代を前一四六年まで、以後をローマ時代として区切ったのは、叙述の都合上の便宜的な措置で、通例ではヘレニズム時代は前三〇年までとされている。

第四章　ビザンツ時代

1　ローマ帝国のビザンツ化

ビザンツ時代へ

第四章は紀元四世紀から十五世紀までを扱う。西洋史の伝統的な三時代区分法に従えば、中世と呼ばれる時期にあたる。この時期のギリシアは、それに先立つローマ帝国の時代、続くオスマン帝国の時代という、二つの異民族支配に挟まれたビザンツ帝国の時代である。ビザンツ時代のギリシア人は、自らを「ローマ人」と呼び、その国家を「ローマ帝国」と称していた。しかしながら、ビザンツ帝国はキリスト教を国家宗教としただけではなく、ギリシア人を主要な構成民族とした点でも、古代のローマ帝国とは異なる国家であった。

ビザンツ帝国はギリシア人の国家であったが、その領土は今日のギリシア共和国の領域以外にも広がっていた。都コンスタンティノープルは、今日のトルコ共和国イスタンブルであり、帝国の主要な領土もほぼ全時代を通じて小アジア(アナトリア)であった。ビザンツ帝国にとってギリシアは、どちらかといえば、付随的な領域にとどまっていたのである。帝国の支配がおよばなかった時期・地域も少なくない。従来のビザンツ帝国史がコンスタンティノープル、小アジアを中心として書かれてきたのも当然といえよう。これにたいして本章は、今日のギリシア共和国の領域に焦点をあてたビザンツ帝国史として、中世ギリシア史を描くことにしたい。

ギリシアを含む東地中海においては、古代から中世への移行は、ローマ帝国からビザンツ帝国への転換というかたちをとった。ビザンツ人がその国家を「ローマ帝国」と称しつづけたことにもみられるように、この転換は明確な断絶をともなわないものであったが、その指標として、帝国のキリスト教化・ギリシア化・皇帝専制体制化の三点をあげることができるだろう。以下、これらの動向がギリシア地域においてどのように進行していったのかをみることにしよう。

ローマ帝国のビザンツ化は危機への対応として展開された。長らく「ローマの平和」を謳歌してきたローマ帝国も、三世紀にはいると軍人皇帝時代と呼ばれる内乱の時代をむかえた。帝国の支配体制がゆらぐとともに、周辺の異民族が国境をこえてローマ領に侵入するようになる。内乱の多くは、ライン、ドナウ、ユーフラテスなど国境地域の軍団が簒奪皇帝を立てて起こしたもので、国境線から遠く離れていたギリシアが内乱の舞台となることはほとんどなかった。しかしながら、異民族の侵入は

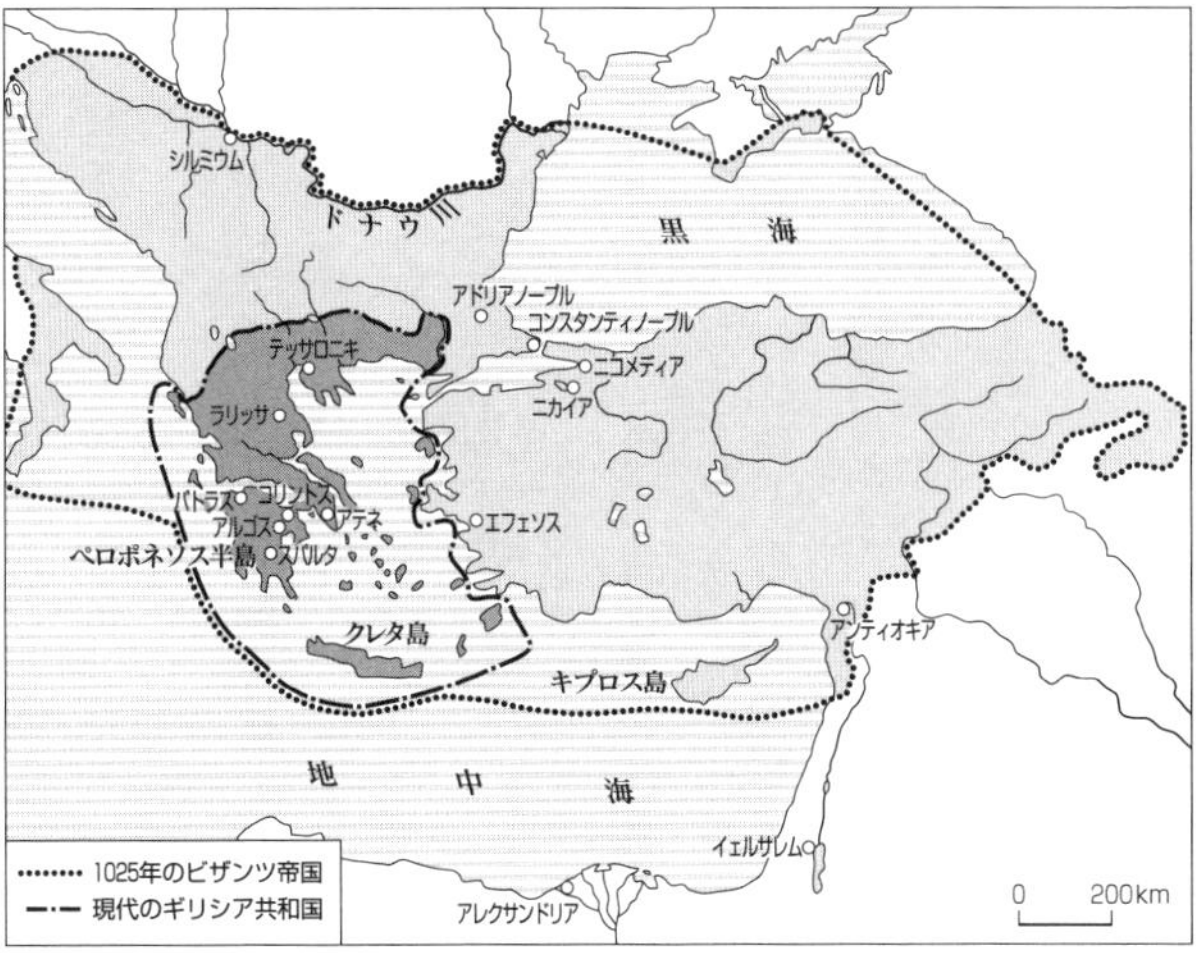

ビザンツ帝国と現代のギリシア共和国

ギリシアにもおよんだ。黒海の北岸にいたゴート人が航海術を学んで海に乗り出し、二四〇年ころからボスフォラス・ダーダネルス両海峡をこえて、エーゲ海へと侵入してきたのである。ギリシアの沿岸都市はつぎつぎと略奪され、二五三年には北ギリシアの中心都市テッサロニキも包囲された。長い平和に慣れていたギリシアの諸都市は大きな衝撃を受けた。「アテネ人はスッラが破壊して以降忘れられていた城壁の修復をおこない、ペロポネソス人は地峡に防壁を建てた」と、ゾシムスの『新史』一巻二九章は伝える。

ゴート人の海賊は二五〇～二六〇年代にわたって、エーゲ海域を繰り返しあらした。なかでも二六七年には、ゴート人の一派であるヘルリ人の侵入によって、アルゴス、コリントスが陥落した。城壁の修復に取りかかっていたアテネもまたアクロポリスを除いて焼かれた。しかしながら、この二六七年の大略奪のあと、ゴート人の海からの侵入・略奪はしだいにおさまった。

ディオクレティアヌスの帝国再建

内憂外患の軍人皇帝時代に終止符を打ったのはディオクレティアヌス皇帝（在位二八四〜三〇五）である。同皇帝および続くコンスタンティヌス一世（在位三〇六〜三三七、三二四年以降単独皇帝）のもとで、ローマ帝国は大きく姿を変えた。これ以降を一般に後期ローマ帝国と呼んでいる。

二八四年に小アジア西北のニコメディアで即位したディオクレティアヌスは、翌年、同僚の将軍であったマクシミアヌスをカエサル（副皇帝）に任命し、帝国の西半分の統治を委ねた。二八六年にはマクシミアヌスにもアウグストゥス（正皇帝）の称号を許し、二九三年には東西にさらに各一名の副皇帝をおいた。こうしてローマ帝国は、四人の皇帝によって分割統治されることになった。いわゆる四帝分割統治体制《テトラルキア》である。各皇帝はそれぞれの宮廷と親衛隊長《プラエフェクトゥス・プラエトーリオ》（宰相）をもって管轄地域を統治した。

後期ローマ帝国においては、わずかの時期を除いて、複数の皇帝による分割統治がおこなわれた。これは地域的な分離が進んでいたことを示している。東部地域はギリシア的性格を強め、ラテン的西方との亀裂が大きくなった。

ディオクレティアヌスの帝国再建は、皇帝のもとに権力を集中させることによってなされた。ロー

東正皇帝(アウグストゥス)ディオクレティアヌス　(宮廷=ニコメディア)
　アシアナ管区(9属州)
　　小アジア南西部8属州
　　インシュラエ(エーゲ海諸島)
東副皇帝(カエサル)ガレリウス　(宮廷=シルミウムまたはテッサロニキ)
　モエシア管区(10属州)
　　バルカン半島西北部4属州
　　アカイア(アッティカ・ペロポネソス地方)
　　テッサリア
　　新エペイロス(北部)
　　旧エペイロス(南部)
　　マケドニア
　　クレタ
西正皇帝(アウグストゥス)マクシミアヌス　(宮廷=ミラノ)
西副皇帝(カエサル)コンスタンティウス　(宮廷=トリーア)

ディオクレティアヌスの属州改革(下線部は現代のギリシア領土内)

マ帝国からビザンツ帝国への転換を示すもうひとつの指標である。皇帝権力の強化のため、地方の軍事・行政単位であった属州の分割がおこなわれた。その結果、属州の数はほぼ二倍の一〇〇にふえた。従来、マケドニア、アカイア、エペイロスの三属州に分れていたギリシアは、属州マケドニアがマケドニア、テッサリア、新エペイロスに分割されたため、アカイア、旧エペイロスも含めて五つの属州となった。属州の分割と平行して、属州総督から軍事権が剥奪され、地方における軍事権と行政権が分離された。これもまた、属州総督の権限を縮小させて、中央集権化をはかろうとする政策である。

全国のほぼ一〇〇の属州は一二の管区《ディオエケーシス》にまとめられた。バルカン半島には東のトラキア管区と西のモエシア管区がおかれ、ギリシアの五つの属州はモエシア管区に属した。二九五ないし二九七年まで北アフリカのキレナイカとひとつの属州を構成していたクレタ島は、分離されて独立の属州となり、ほかのギリシア諸属州とともにモエシア管区に属した。エーゲ海の島々も独立の属州インシュラエとされたが、同属州は小アジアのアシアナ管区に含まれた。モエシア管区は、トラキア、パンノニアの両管区とともに、東の副皇帝ガレリウスの管轄地域とされた。彼はドナウ河畔のシルミウムまたは北ギリシアのテッサロニキに宮廷をおいた。

こうしてディオクレティアヌスの時代には、四人の皇帝—一二管区—約一〇〇の属州という体制が成立した。各皇帝の管轄区域はなお流動的であり、管区や属州にもこのあと若干の変更があったが、ほぼこのような統治体制が後期ローマ帝国時代を通じてとられた。この体制におけるギリシアの位置づけは前頁の図のようになる。

皇帝専制体制を円滑に機能させるため、ディオクレティアヌスは財政改革もおこなった。税制の基礎となる土地・人口調査を二九三年ころから属州ごとに順次おこない、それに基づいて土地税ユガティオと人頭税カピタティオが定められた。ギリシアも含むいくつかの地域においては、のちに、この二つの税が統一されてカピタティオ＝ユガティオ制度が成立した。

四人の皇帝の分割統治による外敵への機敏な対応、属州の細分化および軍事権と行政権の分離による内乱の予防、ディオクレティアヌスの指導のもと四人の皇帝の協力体制によって平和が回復された。皇帝権力の確立・強化の一環として、ディオクレティアヌスはペルシア風の宮廷儀式を導入して、皇帝崇拝を臣下に強制した。それに従わないキリスト教徒たちを取り締まるべく、三〇三年、教会の閉鎖と聖書の没収・焼却を命じた勅令を発布した。続いてキリスト教徒にたいする迫害が、帝国の東部、とりわけ副皇帝ガレリウスの管区において激しくおこなわれた。しかしながら、キリスト教徒に信仰をすてさせることはできず、かえって混乱を招いてしまった。

コンスタンティヌス一世と四世紀のローマ帝国

三〇五年、キリスト教徒迫害が混迷を深めるなか、ディオクレティアヌスは退位した。彼は同時に西の正皇帝マクシミアヌスにも退位を求め、東西の副皇帝を正皇帝に昇格させた。しかしながら、四帝分割統治体制は、ディオクレティアヌスのような卓越した指導者なしには円滑に機能しない制度であった。まもなく、あらたに任命された東西の副皇帝たちがそれぞれ正皇帝の地位を要求し、さらに皇帝を僭称《せんしょう》する者もつぎつぎとあらわれて、軍人皇帝時代に逆戻りしたかのような状態となった。

僭称皇帝たちの覇権争いに勝利し、帝国を再統一したのはコンスタンティヌス一世である。コンスタンティヌスは単独皇帝となっても、地域ごとの親衛隊長の制度は存続させるなど、行政機構についてはディオクレティアヌスの体制をほぼ踏襲した。その一方で、皇帝権力をさらに強化すべく、軍制改革を実施した。国境軍団《リーミターネイ》を削減する一方で、皇帝直属の機動部隊を増強し、最高司令長官《マギステル・ミーリトゥム》をおいた。これによって親衛隊長は完全に財務を中心とする行政職となり、軍事権と行政権の分離が完成した。

コンスタンティヌスは通貨の改革もおこなった。彼が定めたソリドゥス(ノミスマ)金貨は、ビザンツ帝国の正貨となったばかりではなく、国際通貨として広く流通した。

帝国再統一の過程で、コンスタンティヌスはキリスト教を受け入れた。彼の改宗については、三一二年、ローマ近郊ミルヴィウス橋での対立皇帝マクセンティウスとの戦いの前に、空に十字のしると「汝これにて勝て」との文字を見たという逸話が有名である。この伝承の真偽はともかく、これ以降コンスタンティヌスはキリスト教を保護する政策を取り始める。翌三一三年には、帝国東部を制圧していた皇帝リキニウスとともに「ミラノ勅令」を発布し、キリスト教を公認した。そのあと展開されたリキニウスとの戦争においても、コンスタンティヌスは十字架を旗印とした。三二四年、帝国を統一すると、教会・教義の統一もはかり、三二五年にニカイアにおいて第一回の公会議を開催した。

皇帝専制体制・キリスト教化とならんで、ビザンツ帝国への転換のもうひとつの要素である、帝国のギリシア化においても、コンスタンティヌス一世時代は大きな画期をなしている。アジアとヨーロッパを分けるボスフォラス海峡に面したギリシア都市ビュザンティオンが、皇帝の名前にちなんでコンスタンティノープルと改名され、ローマ帝国の都とされた。東方の新しい都はローマ帝国のギリシア化の象徴といえよう。

このようにコンスタンティヌス一世のもとで、「ギリシア人のキリスト教ローマ帝国」すなわちビザンツ帝国が生まれたといってよい。しかしながら、ローマ帝国からビザンツ帝国への移行が完了するにはなお時間がかかった。コンスタンティノープルが本当の意味で帝都となるのも、四世紀末のテオドシウス一世(在位三七九～三九五)時代のことである。それ以前の皇帝たちは帝国内の各地を移動していた。移動宮廷は、複数の皇帝による分割統治と同じく、古代ローマ帝国の支配体制が解体しつつあるものの、それにかわるあらたな支配体制はまだ確立していないことを示している。

この過渡期においては、地方支配体制もなお流動的で、ギリシアの管轄も東西帝国のあいだでゆらいでいた。先にみたように、ギリシアはディオクレティアヌスによってモエシア管区にいれられ、東の副皇帝の管轄下にあった。帝国を再統一したコンスタンティヌス一世は、モエシア管区を南のマケドニア(ギリシア)と北のダキアの二管区に分割した。ところが、コンスタンティヌスの三人の息子による分割統治、さらにはヴァレンティニアヌス一世(在位三六四～三七五)とその弟ヴァレンス(在位三六四～三七八)の東西分割統治のときには、マケドニア管区はイタリアとあわせて西方に含められた。ようやくテオドシウス一世のもとで、それぞれの親衛隊長をもつ四つの道《プラエフェクトゥーラ》(西にガリア道とイタリア道、東にイリュリクム道とオリエント道)が確定した段階で、ギリシアは最終的にイリュリクム道、東帝国に帰属することになった。

東西帝国の分離と東ローマ帝国の繁栄

四世紀の後半になるとゲルマン民族の大移動が始まる。三七五年ドナウ川を渡った西ゴート人は、三七八年にはアドリアノープルの戦いで東皇帝ヴァレンスを敗死させた。そのあと東の皇帝となったテオドシウス一世は西ゴート人をおさえ、ローマ帝国の「同盟者《フォエデラートゥス》」としてトラキア地方に定住させた。

三九五年テオドシウス一世が没すると、息子アルカディウスとホノリウスがそれぞれ東西の皇帝となった。これ以降、ローマ帝国がふたたび統一されることはなかった。東西のローマ帝国はしばしば敵対関係にあり、ギリシアを含むイリュリクム道が両帝国の対立の焦点となることもあった。西ゴート人問題もそのひとつである。テオドシウスの没後、西ゴート人はアラーリック王に率いられて軍事活動を再開し、コンスタンティノープルを攻撃したのち、いったんテッサリア地方に落ち着いた。東帝国の危機に際して、西帝国の最高司令長官スティリコが対西ゴート遠征をおこなったが、東帝国はそれを、イリュリクム道さらにはコンスタンティノープルもおさえようという作戦ではないかと警戒した。そこでスティリコに退去を命じる一方、西ゴート人を南ギリシアへ向かわせて、首都にたいする脅威を解消しようとした。こうしてギリシアは百数十年ぶりに異民族の侵入を受けることになる。三九六年アテネが陥落、続いてコリントスも破壊され、ペロポネソス半島までが略奪された。しかし、アラーリックの率いる西ゴート人はまもなくイタリアへと向かい、ギリシアは平和を回復した。

西ゴート人問題以降も、四二三年の西帝国の帝位継承問題など、東西帝国間の対立は続いた。しかしながら、四五七年、東帝国においてテオドシウス王朝が断絶すると、東西の帝室は血縁関係もなくなり、帝国の東西分離は決定的となった。西帝国は四七六年にゲルマン人のオドアケルによって滅ぼされる。同じころ、ギリシアはあらたなゲルマン人の侵入を受けた。パンノニアにいた東ゴート人がダキア・マケドニアに侵入し、帝国からマケドニア属州に土地を与えられたのである。彼らは名目的に帝国に服していたが、しばしばギリシアも含めてバルカン半島各地をあらした。これにたいして、皇帝ゼノン(在位四七四〜四七五、四七六〜四九一)は東ゴート王テオドリックをイタリアへ向かわせ、オドアケルと戦わせることによって、東ゴート問題を解決することにした。四八八年、東ゴート人がイタリアに向かったことにより、東帝国はゲルマン人の脅威から最終的に解放された。

こうして帝国の東部では、五世紀に後期ローマ帝国体制への転換が一応成功し、平和が回復した。ギリシアにおいても、二世紀から続いていた人口の減少傾向に歯止めがかかったようである。経済の復興を基礎に、アナスタシウス一世(在位四九一〜五一七)は財政改革に着手した。エジプトからのコンスタンティノープル向け穀物を除いて、租税はすべて金納とされた。徴税のためにフォリス銅貨を鋳造し、金貨との比率も定めた(一対二一〇)。また、各都市に徴税監督官をおいて、税収の確保をはかった。

アナスタシウスの財政改革は効果をあげ、国庫は急速に豊かになった。その成果を最大限に活用したのがユスティニアヌス一世(在位五二七〜五六五)である。彼は旧西ローマ帝国領のイタリア・北アフリカを奪回して、地中海世界の統一を回復するとともに、『ローマ法大全』の編纂をするなどして、古代ローマ帝国の復興に意を注いだ。その一方で、ユスティニアヌスの時代は、ディオクレティアヌス、コンスタンティヌスに始まる帝国のビザンツ化がほぼ完成した時代でもあった。元老院議員や市民をおさえて、皇帝権力の独裁化を進めたこと、東方正教会(ギリシア正教会)の総本山となる聖ソフィア教会を再建したこと、ラテン語の『ローマ法大全』を編纂させたユスティニアヌスが自身の新法はギリシア語で発布していること、などに帝国のビザンツ化がうかがえる。

後期ローマ帝国時代の都市と農村

ローマ帝国は都市を基本的な構成単位としていた。ローマ都市は経済・文化活動の中心であったばかりではなく、市参事会などを通じて、裁判・徴税・公共事業・市民サービスなどをおこなう自治機関でもあった。この都市自治体制は三世紀以降しだいに崩壊していく。都市行政とりわけ徴税機構をどのように維持していくかが、後期ローマ帝国の内政面でのもっとも重要な課題となった。帝国政府は、市参事会員を世襲化することによって都市自治を維持しようとしたが、それだけでは十分でなかったので、各種の都市行政官をおき、属州総督を通じて直接統治をおこなおうとした。

都市の裁判はすでに三世紀におこなわれなくなっていた。四世紀には都市法廷にかわるものとして、各都市に、市民の法的権利の擁護と下級裁判を職務とする都市保護官が設置された。都市保護官は、ユスティニアヌス一世時代にも存続していたが、実質的には機能しておらず、裁判は帝国の直轄事項であった。徴税にかんしても、市参事会による徴税がとどこおるのをみて、やはり四世紀初めに都市徴税官が任命され、滞納税の取立てを中心に、各都市の徴税業務を監督した。都市徴税官がまもなく市参事会によって選出されるようになったため、アナスタシウス帝は財政改革に際してあらたに徴税監督官をおき、属州総督の監督のもと各都市からの徴税に責任をもたせた。裁判・徴税だけではなく、道路・城壁・橋・公共建築物・駅伝制度などの公共事業、見世物・食糧の供給といった市民サービスも、しだいに都市当局の手を離れ、属州総督に依存するようになっていった。

都市の自治が行きづまった最大の理由は、市参事会を構成していた豊かな市民層の没落であった。その背後にあったのは、ローマ経済全体の衰退に加えて、帝国政府による都市領の没収による自主財源の枯渇である。すでにディオクレティアヌスが「法定相続人のいない土地は、都市所有地ではなく、国庫の所有になる」という法令をだし、それ以降の皇帝たちも、異教を復活させたユリアヌス(在位三六一〜三六三)を例外として、都市領の没収を進めた。

都市の衰退は帝国の西部においてとくに顕著であった。これにたいして東部においては、しばしば異民族の侵入を受けたバルカン半島北部を除いて、都市は繁栄を保っていた。とくに、アレクサンドリアやアンティオキアのような大都市においては、公共浴場・劇場・競馬場などを中心とするローマ風の市民生活がなお維持されていた。ギリシアでも、ゲルマン人に加えてフン人・ブルガール人の侵入もあったが、いずれも短期間であったため、なお多数の都市が繁栄を保っていた。なかでも、エグナティア街道沿いの交通の要衝テッサロニキは、イリュリクム道の親衛隊長の所在地として、大主教座都市として、バルカン半島の防衛の拠点として栄えた。テッサロニキに比べると規模は小さかったが、アテネやコリントスも一万人以上の人口を有していたようである。

帝国東部の大都市では、「青」「緑」と呼ばれた競馬集団を中心として、市民の活発な政治的活動がみられた。テッサロニキにおいても三九〇年と四七九年の二度にわたって、帝国政府のゴート人政策に反発する市民が軍を組織し、大規模な暴動を起こしている。三九〇年の暴動は競馬場を舞台としており、四七九年には大主教が重要な役割をはたした。「パンとサーカス」の市民生活とキリスト教化が交錯するなか、都市民の政治的な活動は存続していたのである。五三二年、ユスティニアヌス一世の独裁政治にたいして、コンスタンティノープルで生じたニカの乱は、そのような市民の最後の運動であった。反乱市民にたいするユスティニアヌスの情け容赦ない処罰は、皇帝専制政治の完成の象徴といえよう。

古代ローマ経済を支えていた奴隷制は、「ローマの平和」とともに奴隷供給が減少するとしだいに衰退していった。農業面でも、後期ローマ帝国では奴隷制大農場にかわって、コロヌスを用いる農業経営が普及する。コロヌスは自由身分であったが、「生まれた土地の奴隷」とも呼ばれたように、世襲的に土地に緊縛される農奴に近い存在であった。コロヌスの移動を禁じる法令は、コンスタンティヌス一世以降繰り返し発布された。このような法令がだされた理由としては、人口すなわち農業労働力の減少と財源の確保という説明がなされてきたが、近年では、大都市への人口集中など、この時期における社会の流動化が注目されている。

帝国の東部においては、奴隷制の農業はもともと西部ほど広範囲に展開しておらず、帝政前期においても小自由農民の村落が存続していた。後期ローマ帝国時代の帝国東部の農村においてもっとも顕著だったのは、そのような自由農民が有力者に隷属していく傾向である。「農村の保護関係《パトロキニウム・ヴィコールム》」と呼ばれたこの現象は、農民が官僚、軍人、市参事会員、大土地所有者など有力者の庇護下にはいり、納税や裁判において便宜をはかってもらうというものである。庇護下にはいった農民たちは、パトロンに貨幣や生産物を支払うだけではなく、まもなく土地も譲り渡し、隷属するようになる。東帝国においては、三〇年間領主の土地を耕作していると移動の自由を失うという法律がだされ、これもまたコロヌスを生み出すことになった。こうして帝国東部でも、コロヌスを用いて経営される元老院議員、高級官僚・軍人、教会の大所領が広がった。エジプトのアピオン家の所領や、雄弁家リバニオスの伝えるシリアの大土地所有はその代表例である。

ギリシアにおける大所領にかんする記録は少ない。しかし、コロヌスにかんする法令はギリシアも対象としていたから、コロヌス制度が存在していたことは間違いない。父がマケドニア管区の高官であったペラのパウリヌスが、ギリシア本土に所有していたという大所領は、おそらくコロヌスを用いて経営されていたのであろう。ギリシアでは「農村の保護関係」もほとんど知られていない。脱税を目的とした保護関係を禁止したマルキアヌス皇帝（在位四五〇～四五七）の勅令も、トラキア、オリエンス、エジプト、ポンティカ、アシアナの各管区を対象としており、ギリシアには言及していない。ギリシアの農村では、後期ローマ帝国時代においても小自由農民がかなり存在したものと思われる。不当な保護関係を非難した五三五年のユスティニアヌス一世の新法も、そのような自由農民の保護を目的としていた。

キリスト教会とギリシア文化

ローマ帝国の国家宗教となったことにより、教会は教義の面でも組織の面でも整備をはかる必要に迫られた。教会組織の原則を確定したのは四五一年のカルケドン公会議である。ローマ、コンスタンティノープル、アレクサンドリア、アンティオキア、イェルサレムの五つの総主教座と、それぞれの管轄地域が決定された。ギリシアを含むイリュリクム道はローマ教皇の管轄とされ、テッサロニキ大主教が教皇代理となった。政治的には東帝国に属しながら、教会管区ではローマ教皇のもとにおかれるという複合的な体制は、聖像崇拝問題をめぐって皇帝と教皇が対立した八世紀に、教会管轄権がコンスタンティノープル総主教に移されるまで長く続くことになる。

後期ローマ帝国時代は正統教義が形成されていった時代である。それは同時に、異端を排除していく歴史でもあった。キリスト教を公認したコンスタンティヌス一世の時代に、父・子・聖霊の三位一体問題をめぐってアリウス派とアタナシウス派が対立し、三二五年の第一回ニカイア公会議において、前者は異端とされた。続いて五世紀には、キリストの人性と神性をめぐる論争が生じ、四三一年のエフェソス公会議は、「マリアは人間としてのキリストを生んだ」とするネストリウス派を異端とした。さらにそのあと、逆にキリストの神性を強調する単性論をめぐって、四五一年にカルケドン公会議が開かれ、キリストに神性と人性の二つの側面を認める両性論が正統とされた。しかし単性論はその後もエジプトやシリアを中心に勢力を保ち、後期ローマ帝国時代最大の教義論争となった。

すでにパウロの時代に、コリントスやテッサロニキに教会が存在したものの、初期のキリスト教史において、ギリシアはさほど大きな役割をはたさなかった。教義論争においても、アンティオキアやアレクサンドリアに比べると、ギリシアの教会は目立った発言をしていない。教義の確立に重要な役割をはたした教父たちも、ギリシア教父と呼ばれているものの、ギリシア出身者はほとんどいない。教義の統一や教会組織の整備を進めた公会議の開催地は、コンスタンティノープルまたは小アジア西部(ニカイア、エフェソス、カルケドン)であり、修道院制度も、エジプトやシリアに比べて、ギリシアでは発展が遅れた。

初期キリスト教史においてギリシアが目立たないのは、ヘレニズム文化の伝統とも関連があるように思われる。キリスト教が広がるなかで、異教の学問の拠点として最後まで残ったのは、新プラトン哲学を中心としたアテネのアカデメイア(プラトン学園)である。同学園は三世紀の混乱の時代においいても学問活動を継続していた。二六七年にアテネを略奪したゴート人も図書館の書物は焼き払わなかったという逸話は、アテネの学問の継続を語るものであろう。そのころアカデメイアの学頭であったエウブロスは、ローマにいた新プラトン哲学者プロクロスやその高弟のポルピュリオスと書簡を交わしている。続く四世紀には、異教復活の皇帝ユリアヌスに加えて、カエサレイアのバシレイオスやナツィアンゾスのグレゴリオスなどの教父たちもここで学んだ。

キリスト教とギリシア文化の融合は、紀元二世紀から始まった「第二ソフィスト」と呼ばれる、都市および宮廷と深く結びついたギリシア文学運動のなかでしだいに進んでいった。「第二ソフィスト」を代表する雄弁家テミスティオスは、異教徒でありながら、キリスト教皇帝に仕えたし、ナツィアンゾスのグレゴリオスとも交わっている。ヨハネス・クリュソストモスら、第二ソフィストの影響を強く受けた教父も少なくない。

キリスト教を国教としたのちも、帝国政府はアカデメイアの存続を許していた。四二五年にコンスタンティノープルに設置された大学は、アカデメイアを意識してか、ラテン語・ローマ法の講座を設置するとともに、キリスト教色を強く打ち出した。とはいえ、この大学の実質的な設置者であった皇后エウドキアは、アテネの哲学者を父にもち、彼女自身、皇帝テオドシウス二世と結婚するまでは異教徒であった。キリスト教としだいに融合しつつも、異教のギリシア文化はなお存続していたのである。

五二九年、ユスティニアヌス一世(在位五二七〜五六五)は異教徒が教育をおこなうことを禁じる法を発布した。この措置はアテネのアカデメイアを主たる対象としたものであった。アカデメイアの閉鎖は、テオドシウス一世によるオリュンピア競技の廃止(三九三年)とならんで、古代ギリシアの伝統の終末を象徴する事件とみなされてきた。しかし、アカデメイアはその後も活動を続けていたようであり、五二九年の事件を過大視すべきではないだろう。ギリシア古典の研究、写本の作成がとだえ、ギリシアにおける文化活動が大きく衰退するのは、六世紀の後半、アヴァール・スラヴ人の侵入による都市の破壊以降のことである。さらに七世紀にはアラブ人の侵入を受けて、ビザンツ帝国は滅亡寸前に追い込まれ、文化面においても「暗黒時代」をむかえることになる。

2 スラヴ人のギリシア

スラヴ人の侵入・定住

ユスティニアヌス一世の治世は、古代ローマ帝国の一時的な復活がみられたと同時に、新しい時代、中世がその姿を明確にした時期でもあった。ギリシアの社会を大きく変えたのは、スラヴ人の侵入と定住である。スラヴ人は早くも五四〇年ころから、バルカン半島西北部のイリュリクム地方に侵入を始めた。五五八〜五五九年には、ブルガール人の一部族と思われるクトリグール人とともに、ドナウ川をこえて帝国領に侵入し、コンスタンティノープルに迫った。彼らの一部はギリシアに向かい、テルモピレーまで達している。

バルカン・ギリシアに侵入してきたスラヴ人にたいして、ユスティニアヌスは積極的な軍事作戦を展開しなかった。彼がとった対応策は各都市の城壁の補強とあらたな要塞の設置であった。歴史家プロコピオスは『建築について』の第四巻において、イリュリクム道(ギリシアを含むバルカン半島西部)におけるユスティニアヌスの事業についてまとめている。ギリシア諸属州のうち、マケドニア、新旧エペイロス、テッサリアについては、要塞の修復・新設が列挙されている。これにたいしてアカイア属州(アッティカ、ペロポネソス)については要塞建設のリストはなく、テルモピュライとコリントス地峡の城壁の強化が詳しく記されている。両地点でもってギリシア南部への侵入を防ぐつもりだったのであろう。

当時のスラヴ人はまだ都市城壁を攻略するだけの技術をもっていなかったため、城壁の強化、要塞の修復・新設はさしあたって有効であった。しかしながら、ユスティニアヌスの没後になるとギリシアの情勢はさらに悪化した。スラヴ人に続いて、モンゴル系のアヴァール人が侵入してきたからである。なお部族の段階にとどまっていたスラヴ人とは異なって、アヴァール人は一人の王(汗《カン》)のもとに統一権力を形成しており、かつ都市・要塞を攻略する技術ももっていた。

五八〇年代にはアヴァール人とスラヴ人の大侵入が生じた。北ギリシアの中心都市テッサロニキは、早くも五八一年ころスラヴ人の攻撃を受け、五八六年にもアヴァール人によって包囲された。強固な城壁に守られて、テッサロニキは異民族の攻撃を退けたが、その他の多くの都市は略奪された。スラヴ人はさらに南下し、要塞化が不十分であった南ギリシアの都市をつぎつぎと破壊した。五八七年にはペロポネソス半島のコリントスやパトラスも陥落した。五九〇年代になってビザンツ帝国は、同じくアヴァール人の侵入になやまされていたフランク王国と同盟して反撃に転じ、いったん六〇〇／六〇一年には、アヴァールの汗《カン》にドナウ以北への退去を定めた和平条約を結ばせることに成功した。しかしアヴァール人とともにバルカン・ギリシアに侵入していたスラヴ人は、この条約に拘束されることなく、農村部に定住しつづけた。

和平条約締結直後の六〇二年に、ドナウ国境の帝国軍団が反乱を起こすと、アヴァール人はふたたびバルカン半島に侵入してきた。それに刺激されてスラヴ人の活動も活発となり、フォーカス皇帝(在位六〇二〜六一〇)、ヘラクレイオス皇帝(在位六一〇〜六四一)時代には、ギリシアのほぼ全域がスラヴ人の攻撃を受けた。ヘラクレイオス帝初期のギリシアの状況を、テッサロニキの守護聖人の奇蹟物語をまとめた『聖デメトリオスの奇蹟』は、「数え切れないほどのスラヴ人が蜂起した。……彼らは一本の丸太から船をつくり、武器をもって海に乗り出し、全テッサリア、その周辺の島々、ヘラス周辺の島々をあらした。キクラデス諸島、全アカイア、エペイロス、そしてイリュリクムの大部分、さらにアシアの一部をもあらしたのである」と伝えている。

スラヴ人の進出にたいしてヘラクレイオス皇帝はほとんど対策を講じなかった。ササン朝ペルシア帝国に奪われたエジプト・シリアなどの東方属州の奪回に全力を注いでいたからである。こうして七世紀前半にはギリシアのスラヴ化が進んだが、その一方で、ギリシアの大部分が失われたこの時代は、ビザンツ帝国のギリシア化が完成した時代でもあった。公用語がラテン語からギリシア語へと変わり、皇帝の正式称号もラテン語の「インペラートル」からギリシア語の「バシレウス」となった。また、いったんはヘラクレイオスの親征によって奪回された東方属州も、六三〇年代から始まったアラブ人の侵入によって最終的に失われ、ビザンツ帝国はギリシア人を主体とする国家へと変貌した。古代ローマ帝国から中世ビザンツ帝国への転換はここに完了したといえよう。

都市と農村の変容

ユスティニアヌス一世からヘラクレイオスの時代にかけて、スラヴ人の侵入と定住が進むとともに、ギリシア地域の社会構造は大きく変化した。すでに後期ローマ帝国時代からみられた都市の衰退は、異民族の侵入にともなう混乱によって決定的となった。七〜八世紀のギリシアにおける都市の状況をよく示しているのは、宗教会議の出席主教リストである。古代末期以来、主要な都市には主教座がおかれたので、主教のリストから都市の存在を確認できるが、五世紀の公会議にはギリシアから多数の主教が出席していたのにたいして、六八〇年および六九一～六九二年の宗教会議には、テッサロニキ、アテネ、コリントスなどを除いて、ギリシアからは主教の出席がみられない。この状況はほぼ八世紀末まで続いた。

　ギリシア都市の多くはアヴァール人・スラヴ人によって破壊された。スラヴ人侵入時代のペロポネソスの歴史を記した『モネンバシア年代記』は、スパルタについて、五八二／五八三年のスラヴ人の侵入のため市民は町をすて、南方のモネンバシア、さらには遠くシチリア島に逃れたと記している。モネンバシア（「唯一《モネー》の入り口《エンバシア》」）はその名が示すように、防衛に適した海岸の岬に建設された避難所であった。七世紀末の宗教会議には「ラケダイモン人のポリス」の主教が出席しているが、これはスパルタではなく、亡命先のモネンバシアからの参加と思われる。ペロポネソス半島北部のパトラスについても、同年代記は、市民たちは南イタリアのレギウムへと逃れた、と伝えている。この時期にはギリシアの各地で、平野部に位置した都市の多くが放棄され、防衛に適した岬・島・丘などに居住区が移るという現象がみられた。ナフプリオン、コロン、モドン、ヨハニナ、コルフなどは、このようにして誕生した新市である。

　都市域を収縮させつつも存続した都市もある。アテネは五八〇年代からアヴァール人・スラヴ人の攻撃を受けたものの、七世紀にはいってもなお一定の繁栄を保っていた。のちのカンタベリー大司教テオドルスは六二〇年代にこの町で勉学した。六六二～六六三年の冬には、皇帝コンスタンス二世が長期間滞在した。しかしながら、これ以降、文献史料からアテネの名はしばらく消える。市内からの貨幣の出土も激減した。かなりの地区が放棄され、都市域は防衛に適したアクロポリスに収縮したらしい。アテネが復興へと向かうのは九世紀を待たなければならない。コリントスもアテネとほぼ同じような歴史をたどった。六世紀末にスラヴ人の攻撃を受けたのちも、都市域をアクロコリントスに収縮させつつ存続したようである。貨幣の出土状況からみて、都市経済の復興がみられるのはやはり九世紀にはいってからである。

この時期の都市の変容をよく語っているのは、都市をさすことばがポリスからカストロン(城砦)へと変化したことである。用語の変化は都市の性格の変化を示している。ギリシア都市は商工業都市という性格を失い、島、岬、丘などに位置する要塞都市となった。これらの都市は周辺の農村との結びつきをほとんどもたず、スラヴ人の大海に浮かぶギリシア人の孤島といった感が強い。古代都市の面影を残し、平坦地にかなりの市域をもって存続したのはテッサロニキのみである。そのテッサロニキでも、七〜八世紀には貨幣鋳造はみられず、都市経済のある程度の後退は否定できない。

農村部においては、多数のスラヴ人が住みついたことによって、人種構成に大きな変化が生じただけではなく、社会の構造もまた大きく変動したと思われる。残念ながら、記録の乏しいこの時期でも、農村にかんする記録はとくに少ない。ギリシアの農村部に定住し、農業をおこなっていたスラヴ人にたいして帝国の支配はおよんでいなかったし、彼らはまだ文字をもっていなかった。しかも、農村地

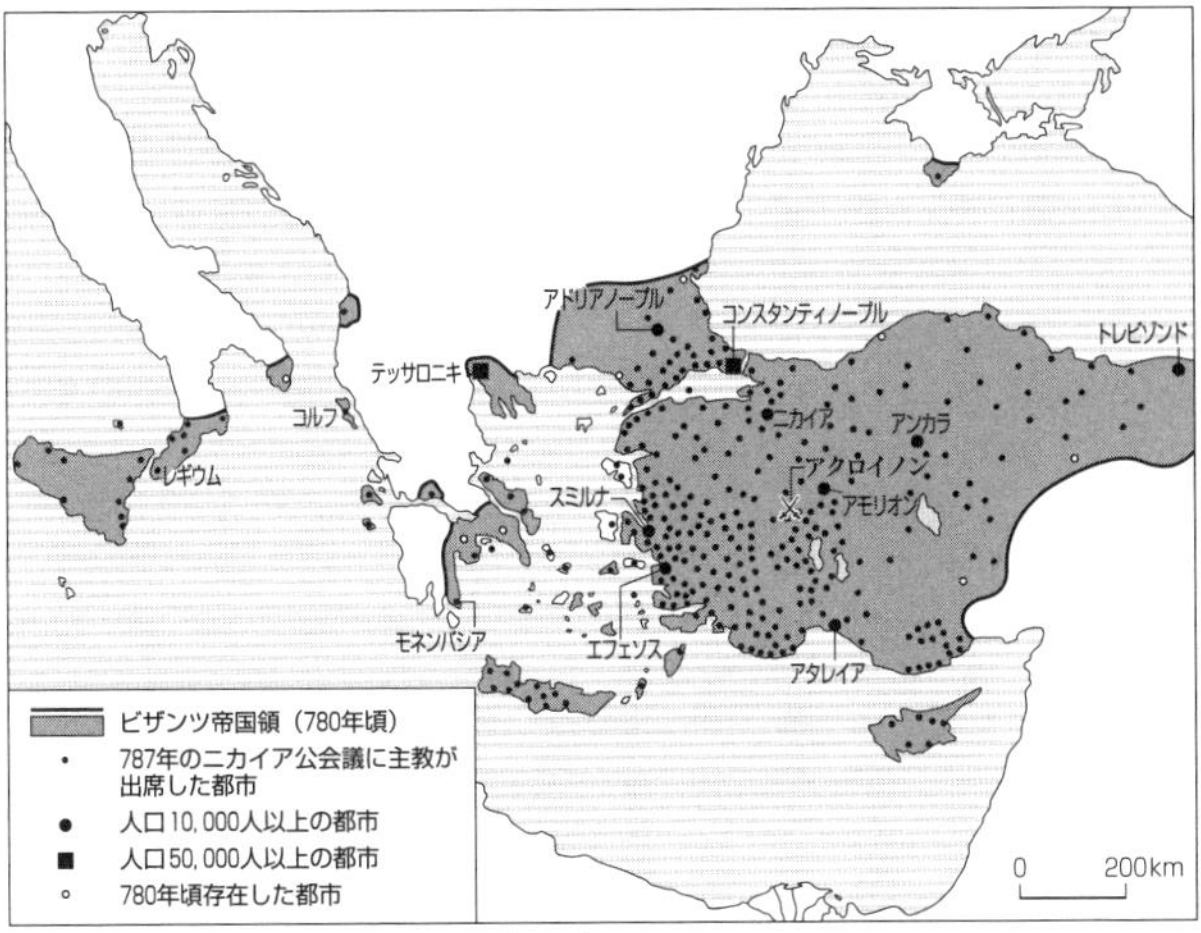

780年ころのビザンツ帝国の都市分布

域の発掘調査は十分にはおこなわれていないこともあって、この時期のギリシア農村の状況はよくわからない。

後期ローマ帝国時代の主要な農業制度であったコロヌス制は七世紀に消滅したようである。耕作者の移動を禁じた法令は、七世紀の初頭まで断続的に発布されたが、その後はコロヌス関係の法律はだされなくなった。法がだされなくなったのは、帝国支配体制そのものの動揺のためもあろうが、スラヴ人の大量流入によって労働力の不足が解消されたことが、耕作者を世襲的に土地に縛る必要をうすれさせたものと思われる。いずれにしても、コロヌスを用いておこなわれていた農業経営は、スラヴ人の侵入・定住にともなう動乱のなかで、大土地所有者の居住する都市とともに解体してしまった。

この時期のビザンツ農村の状況を伝える貴重な史

料として、『農民法』(全八五条)と呼ばれる小型の法典が注目されてきた。七世紀後半ないし八世紀前半の編纂とされる『農民法』は村の慣習をまとめたものである。『農民法』はビザンツ農村社会の大きな転換を示している。そこにあらわれる主要な生産者は、もはやコロヌスではなく、自らの土地を自ら耕作する自由な小土地所有農民である。彼らは生産・生活の単位として村を形成していた。『農民法』にみえる村は、耕作強制、隣人の土地にたいする権利、共有地およびその分割などの制度を備えた、共同体としての強いまとまりをもった団体であった。村はまた徴税の単位となり、村落民は国家にたいして租税の連帯責任をおっていた。

『農民法』に描かれている自由農民とその村落が、この時期のギリシア農村の姿を示すものかどうか、判断はむずかしい。農業は牧畜と組み合わされており、水車やブドウ園への言及がある一方、オリーヴへの言及はない。『農民法』の対象地域を特定することはむずかしいが、個々の農民の私的所有に制約を加えているその共同体制度は、いわゆる「スラヴ的共同体」によく似ている。当時、ギリシアの農村部に広がっていたスラヴ人も、『農民法』にみられるような農業生活を営んでいたと考えてよいだろう。

ギリシアのスラヴ化とスラヴ人のギリシア化

六世紀後半から七世紀前半にかけて、多数のスラヴ人がギリシアに侵入・定住した。スラヴ人の侵入がギリシアにおける民族構成にどのような変化を与えたかをめぐっては、ギリシア系の研究者とスラヴ系の研究者のあいだで、民族主義的な色彩もおびて、激しい論争が展開されてきた。

十九世紀のドイツ人ファルメライヤーは「現代ギリシア人の血管には、真のギリシア人の血は一滴も流れていない。彼らはヘレニズム化されたスラヴ人である」と主張した。たしかに、七〜八世紀の史料でギリシアは「スクラヴィニア(スラヴ人地域)」と呼ばれていたし、十世紀のビザンツ皇帝コンスタンティノス七世(在位九一三〜九五九)も、帝国の各地方の地誌・歴史を記した著作『テマについて』において、「(当時、全ギリシアは)スラヴ化され、野蛮になった」と述べている。七〜八世紀にはギリシアの大部分がビザンツ帝国の支配を離れ、スラヴ人の世界となったことは間違いない。

しかしながら、ギリシア全域がスラヴ化され、ギリシア人・ギリシア文化が断絶したというわけではない。スラヴ人の分布に地域的な濃淡があったことは、地名からもうかがうことができる。スラヴ語起源の地名は、エペイロス、テッサリア、西部ペロポネソスに多く、アッティカ、東部ペロポネソスには少ない。『モネンバシア年代記』も「ペロポネソス半島の東部……のみは、その近づきがたい地形のためにスラヴ人がいなかった」と記している。たしかに、この地域からは七世紀末の宗教会議にも主教が何名か出席している(コリントス、アルゴス、スパルタ＝モネンバシア)。先にみたようにアテネは市域を収縮させながらも存続していたし、テッサロニキはスラヴ人に取り囲まれつつも、いざんとして数万人の人口を有する大都市であった。そのほかにも、ギリシア人は沿岸の岬、島など、防衛に適した場所に移り、生活を続けていた。こうして七〜八世紀のギリシアは、沿岸部・島嶼《とうしょ》部の都市(カストロン)にギリシア人が住み、内陸の農村部ではスラヴ人が多数を占めるという民族構成をもったと考えられる。

テッサロニキはじめ、沿岸部に点々と残されたギリシア都市は、農村部に定住したスラヴ人をギリシア化する拠点となった。スラヴ人はまだ国家を形成しておらず、独自の文字も高度な宗教ももっていなかったため、すみやかに先進文明に同化する条件を備えていた。すでにドナウ川をこえて南下する途中でもビザンツ文明の影響を受けていたようであり、定住後はギリシア化がさらに進んだと思われる。ギリシアにはスラヴ人独特の文化を語る遺跡・遺物はあまり多くない。これは発掘調査の遅れのためもあるが、かつて主張されたようにスラヴ人が少数であったというより、むしろ彼らがかなり早くにギリシア化したためと思われる。

スラヴ人のギリシア化がかなり早い段階から進んでいたことを示すものとして、七世紀のなかばころのペルブーンドスの事件をあげておこう。ペルブーンドスはテッサロニキの近くに住んでいたスラヴ部族の長である。彼は、帝国にたいし謀反を企《たくら》んでいると訴えられ、捕えられてコンスタンティノープルに連行された。しばらく都に軟禁されていたペルブーンドスは、ギリシア語が話せ、ギリシア人と同じような服装をしていたため、たやすく都を脱け出すことができた。ペルブーンドスが再度捕えられ、処刑されると、スラヴの各部族は蜂起し、テッサロニキを包囲した。食糧難に陥ったテッサロニキ市民は、友好関係にあった近隣のスラヴ部族に食糧供給を依頼している。

ペルブーンドスがギリシア語を話し、ギリシア風の服装をしていたことから、スラヴ人のギリシア化が進み始めていたことがうかがえる。都市テッサロニキと周辺農村のスラヴ人とは、農産物の販売などを通じて交渉があった。ギリシア人とスラヴ人の混血も進んだようである。しかしながら、スラヴ人のギリシア化・キリスト教化をさらに進め、ギリシア全域をふたたびビザンツ帝国領に回復するためには、いくつかの条件が必要であった。対アラブ関係の改善、国内の支配体制の確立、さらには経済の復興や人口の増加などである。これらの条件が整い、スラヴ人のギリシア化が本格的に進むのは九世紀以降である。

ビザンツ帝国の対スラヴ政策

七世紀〜八世紀前半のビザンツ帝国は、イスラーム教徒アラブ人の攻撃によって存亡の瀬戸際に立たされていた。六三〇年代から始まったアラブ人の攻撃は、六七四〜六七八年、七一七〜七一八年の二度のコンスタンティノープル包囲を含めて、ほぼ一〇〇年にわたった。この間に、小アジアにはテマ(軍管区)が成立し、軍事・行政面での中期ビザンツ帝国への転換が進んだ。他方、バルカン半島・ギリシアの大部分はスラヴ人・ブルガリア人の世界となり、帝国の支配はほとんどおよばなくなっていた。スラヴ人からギリシアを奪回することは、アラブ人の攻撃を撃退することとならんで、当時の帝国のもっとも重要な課題であった。

ギリシアのスラヴ人にたいする帝国の政策は、大きく二段階に分けることができる。第一段階は、アラブ人との戦争が続いていた七〜八世紀に散発的におこなわれたもので、捕虜や戦利品の獲得を主眼とした遠征である。第二段階は、アラブ人の侵入がおさまり、帝国の支配体制も整備されてきた九世紀初め以降に展開されたもので、スラヴ人地域に都市を建設し、ギリシア人を植民させる、さらにその地域を帝国の地方軍事行政単位であるテマに編成する、という政策がおこなわれた。

六五八年、アラブ人の攻撃がゆるんだのをみて、コンスタンス二世(在位六四一〜六六八)は「スクラヴィニア」に遠征した。遠征の目的は領土拡大ではなく、捕虜としたスラヴ人を小アジアに移住させ、対アラブ戦争に用いることであった。六六一年にはコンスタンスはギリシアへ向かい、テッサロニキ、アテネ、コリントスに長期間滞在した。今回もまた、皇帝の目的はギリシアにおける領土回復ではなく、わずかに帝国領に残されたこれらの町を、都コンスタンティノープルとイタリアの連絡拠点として確保することであった。そのあとコンスタンスはイタリアに渡り、ローマをおとずれた(六六三年六月)のち、シチリア島のシュラクサイに六六八年まで宮廷を営んだ。

六八八〜六八九年にユスティニアノス二世(在位六八五〜六九五、七〇五〜七一一)は、コンスタンティノープルから陸路テッサロニキまで遠征した。その際に、両市を結ぶエグナティア街道沿いに、アンフィポリス、フィリッピなどの都市が再建されたが、スラヴ人にたいして長くもちこたえることはできず、まもなく消滅した。今回の遠征も、スラヴ人地域に帝国の支配を広げるものではなく、捕虜としたスラヴ人を小アジアに移住させるにとどまった。またこのころ、ギリシア地域における最初の軍管区であるテマ・ヘラスが設置されたようである。しかし、同テマは帝国領にとどまったアッティカと東部ペロポネソスを独立の軍管区としたものにすぎなかった。

アラブ人の攻撃が続いているあいだは、ビザンツ帝国の対スラヴ人政策は第一段階をこえられなかった。征服地を恒久的に支配するだけの条件がまだなかったからである。帝国が立直りをみせるのは、レオーン三世(在位七一七〜七四一)、コンスタンティノス五世(在位七四一〜七七五)の時代である。レオーン三世は『エクロゲー法典』を編纂して支配体制を確立するとともに、七四〇年には小アジアのアクロイノンにおいてイスラーム軍を撃破し、帝国存亡の危機を最終的に乗りきった。続くコンスタンティノス五世は、聖像破壊運動を展開する一方で、財政改革・軍制改革を進めて、皇帝専制体制を強化した。対アラブ関係を安定させ、国内の支配体制を整えたビザンツ帝国は、続いて、スラヴ人の侵入によって失われたギリシアの奪回に乗り出していく。

七五八〜七五九年にコンスタンティノス五世はマケドニア地方の「スクラヴィニア」へ遠征した。しかしそれ以降は、もっぱらブルガリア王国と戦っている。彼のブルガリア遠征も基本的には七世紀の対スラヴ人軍事遠征と同じ性格のものであった。しかしながら、北方の強敵ブルガリア王国をおさえることは、ギリシア再征服の前提として重要であった。同じくコンスタンティノス五世の政策として注目されるのは、七五五／七五六年、七六六／七六七年の二度にわたって、ギリシア・エーゲ海地域の住民をコンスタンティノープルへ移住させたことである。このような政策が可能となった背景には、ギリシアにおける人口の増加があった。帝国領ギリシアにおける経済の復興、人口の増加もまた、スラヴ人地域の再ギリシア化の前提条件となる。

七八三年におこなわれたギリシア遠征は、帝国の対スラヴ人政策が第二段階へ向かいつつあったことを示している。この年、外務・運輸長官《ロゴテテース・トゥー・ドロムー》のスタウラキオスは、テッサロニキから出陣してペロポネソスまで進み、多数の捕虜と戦利品を持ち帰って、翌年一月には都の競馬場で凱旋式をおこなった。今回の遠征で注目すべきは、スラヴ人に皇帝への服属を誓わせ、貢納をおさめさせたことである。帝国のギリシア奪回の第一歩がここに踏み出された。おそらくこのころ、テマ・マケドニアが設置されたものと思われる。ただし設置時のテマ・マケドニアは、テマ・トラキアの西部を分離独立させただけで、スラヴ人の住むマケドニア地方は含んでいなかった。スラヴ人地域にたいして帝国の支配がおよぶようになるのは、九世紀初頭のニケフォロス一世(在位八〇二～八一一)時代からである。

聖像崇拝問題とギリシア文化の暗黒時代

後期ローマ帝国における最大の宗教問題であった単性論問題は、単性論派が有力であったシリア・エジプトをアラブ人に奪われたことによって解消へと向かい、六八〇年の第六回公会議において最終的に両性論が正統教義とされた。単性論問題が解決されてまもなく、今度はローマ教会との対立が表面化した。東西教会の対立は、早くも六九一〜六九二年の宗教会議にみられ、続く八世紀には聖像崇拝問題をめぐって激化することになる。このような宗教上の対立・分裂は、古代地中海世界すなわちローマ世界が、イスラーム・西欧・ビザンツという三つの新しい歴史的世界へと分れていくことの現れでもあった。

キリスト教は、ユダヤ教から偶像崇拝の禁止を受け継いだが、ギリシア・ローマ世界に広がるにつれて、しだいにキリストやマリア、諸聖人の姿を描き、崇拝するようになった。それとともに、聖像崇拝にたいする批判も強くなり、聖画像《イコン》をめぐる教義上の対立が激化した。聖画像をめぐる対立は、七二六年にいたって皇帝レオーン三世が聖像崇拝にたいする反対を表明し、さらに七三〇年には聖像崇拝禁止を命じる勅令を発布したことによって、たんなる教義論争ではなく、帝国の政治・社会全体をゆるがす大問題となった。

ギリシアではすでに聖像崇拝が人々の信仰生活に深く浸透しており、聖像崇拝禁止にたいして強い抵抗があった。テマ・ヘラスではいち早く七二七年に反乱が生じている。この反乱は簡単に鎮圧されたが、「聖像崇拝禁止令」がだされた翌年、七三一年にはローマ教皇が聖像破壊派の破門を宣言した。これにたいしてレオーン三世(あるいは続くコンスタンティノス五世)は、ギリシアを含むイリュリクム教会管区の管轄権を、ローマ教皇からコンスタンティノープル総主教へ移すという報復措置をとった。

聖像破壊運動はコンスタンティノス五世時代に激しくなる。皇帝が主催した七五四年のヒエレイア宗教会議は聖像崇拝を異端と断定した。同会議の決議に基づいて、七六〇年代には聖像崇拝派への迫害が始まった。迫害はとくに小アジアにおいて激しく、崇拝派の拠点であった修道院に攻撃が加えられた。しかしながら、コンスタンティノス五世が没すると、聖像破壊運動はいったん終息へと向かい、コンスタンティノス六世(在位七八〇〜七九七)の母で摂政となったエイレーネーが、七八七年の第七回公会議において聖像崇拝の復活をおこなった。彼女がアテネ出身であったことも、ギリシアでは聖像崇拝が強かったことを示している。

このあと、八一五〜八四三年にも聖像崇拝が禁止され、修道士への迫害も生じたが、このいわゆる第二次聖像破壊運動はほぼコンスタンティノープルに限られ、かつ第一次ほど徹底したものではなかった。八四三年に聖像崇拝の最終的な復活が宣言されると、聖像破壊派はすみやかに姿を消した。このあとビザンツ教会は、十一世紀末のボゴミール派の出現まで、深刻な異端問題にみまわれることはなかった。

ビザンツ帝国がアラブ人の攻撃を受けて滅亡直前にまで追い込まれ、スラヴ人によってギリシアの大部分を奪われた七〜八世紀は、ギリシア文化の「暗黒時代」でもあった。この時期の写本はまったく伝わっていない。ホメロスの写本すら作成されなくなるほどで、古代の著作を書き継ぐことはほぼ全面的に放棄されたのである。その結果、多くの作品が失われてしまった。創造的な学問・文化活動もまったく沈滞していた。帝国の伝統主義と結びついて、ビザンツ人の関心がとくに高かった歴史学でさえも、六世紀なかばのプロコピオス（『戦史』『秘史』）のあとは衰退に向かい、七世紀初めのテオフュラクトス・シモカッテスの『歴史』を最後に、約二〇〇年間の空白がある。

学問・文化の衰退の原因としては、第一に異民族の侵入にともなう動乱をあげることができる。存亡の瀬戸際に立たされていたビザンツ国家は、学問を保護する余裕をもたなかった。また、古典古代以来、学問・文化の中心であった都市が衰退・消滅したことも、文化活動を停滞させることになった。アカデメイアの閉鎖（五二九年）以降もなお学問の伝統を保持していたアテネも、七世紀なかば以降は都市そのものへの言及が消える。国家・都市の衰退は、美術やとくに建築に否定的な影響を与えた。この時期の目立ったギリシア建築物としては、テッサロニキの聖ソフィア教会（八世紀末）をあげうるのみである。

異民族の侵入は八世紀なかばにほぼ終息し、ビザンツ帝国も発展へと向かい始めたが、学問・文化活動を取り巻く環境はなお改善されなかった。学問・文化の衰退の第二の要因となったのは、八世紀に展開された聖像破壊運動である。聖像破壊運動は、都市にかわって学問の新しい中心となりつつあった修道院・修道士に弾圧・迫害を加えた。さらに、教義そのものが絵画や造形美術の発展を阻害したこともいなめない。

ようやく八世紀の末から九世紀の初めにいたって、散逸した古典作品の収集がなされるようになっ

テッサロニキの聖ソフィア教会
7〜8世紀の「暗黒時代」には大規模な建築事業はまったくおこなわれなかった。モザイクにコンスタンティノス6世の名がみえるこの教会は，ビザンツ文化の復興を告げている。

た。学芸活動も再開される。やはり歴史学を例にとると、八世紀末にニケフォロス（のちのコンスタンティノープル総主教）によって『簡略歴史』が書かれ、少し遅れて九世紀初めには、修道士テオファネスが二八四〜八一三年の事件を一年ごとに記した『年代記』を編纂した。しかしテオファネス年代記の七〜八世紀の記事は貧弱で、なお「暗黒時代」の面影を残している。

3　ビザンツ帝国のギリシア支配

ビザンツ帝国のギリシア再征服

スラヴ人地域にたいするビザンツ帝国の遠征は、すでに七世紀からおこなわれていたが、当初は、スラヴ人を捕虜とし、小アジアに植民させて対アラブ戦争に用いることに主眼がおかれていた。帝国の政策に変化が生じるのは、八世紀末のスタウラキオスの遠征からである。続いてニケフォロス一世時代になると、軍事遠征に引きつづいて、征服地に、(1)都市(主教座)の建設、(2)ギリシア人の植民、(3)テマ(軍管区)の設置、という三つの政策が並行しておこなわれるようになった。これによって、ギリシアの各地方は順次ビザンツ帝国の支配下に戻っていくことになる。ニケフォロス一世はしばしば「スラヴ人からギリシアを救った皇帝」と呼ばれる。スラヴ人とギリシアを対立的にとらえることには問題があるが、たしかに彼の時代はギリシア史の大きな画期であった。

ペロポネソス半島北部のパトラスについて『モネンバシア年代記』はつぎのように伝えている。八〇五年、テマ・ヘラス長官のペロポネソス遠征の成功を聞くと、ニケフォロス一世はこの町に大主教座を設置し、南イタリアの町レギウムからギリシア系住民を移住させた。彼らのあいだでは、自分たちの祖先は六世紀末にスラヴ人によってパトラスが破壊されたときに亡命してきた、との伝承があったからである。ほぼ同じころ、半島中央部のスパルタも再建され、モネンバシアの住民の一部が祖先の町に戻った。

　ニケフォロス一世は続けて、さらに積極的な植民政策をギリシアの各地域において展開した。歴史家テオファネスはそれをニケフォロスの「第一悪政」と呼んでいる。『テオファネス年代記』の八〇九／八一〇年の条は「ニケフォロスは……すべてのテマからキリスト教徒を植民者としてださせ、彼らに財産を売却したうえで『スラヴ人地域《スクラヴィニア》』に移住するよう命じた。……この政策は九月に始められ、復活祭までに完了した」と記している。この強制植民政策はいみきらわれたが、これによって帝国のギリシア支配はしだいに回復し、スラヴ人のギリシア化・キリスト教化も着実に進展することになる。

　都市の再建、ギリシア人の入植とともに、ニケフォロス一世はギリシアの各地に、帝国の地方行政・軍事の組織であるテマを新設した。ギリシア南部には、テマ・ヘラスを分割して、あらたにテマ・ペロポネソスが設置された。八〇五年の遠征によって征服した地域に実効支配をおよぼすための措置と思われる。北ギリシアではテッサロニキとその周辺地域をまとめてテマ・テッサロニキがおかれた。西ギリシアの最初のテマはケファロニア島におかれた。本土のエペイロス地域には、スラヴ起源の地名が多いことからもわかるように、スラヴ人が多数定住しており、テッサロニキのようなギリシア人の都市もなかったからである。このあとしだいにギリシアのテマ体制は整備されていった。再ギリシア化がもっとも遅れていた西ギリシアでも、テマ・ケファロニアの領域は本土にも広がり、レ

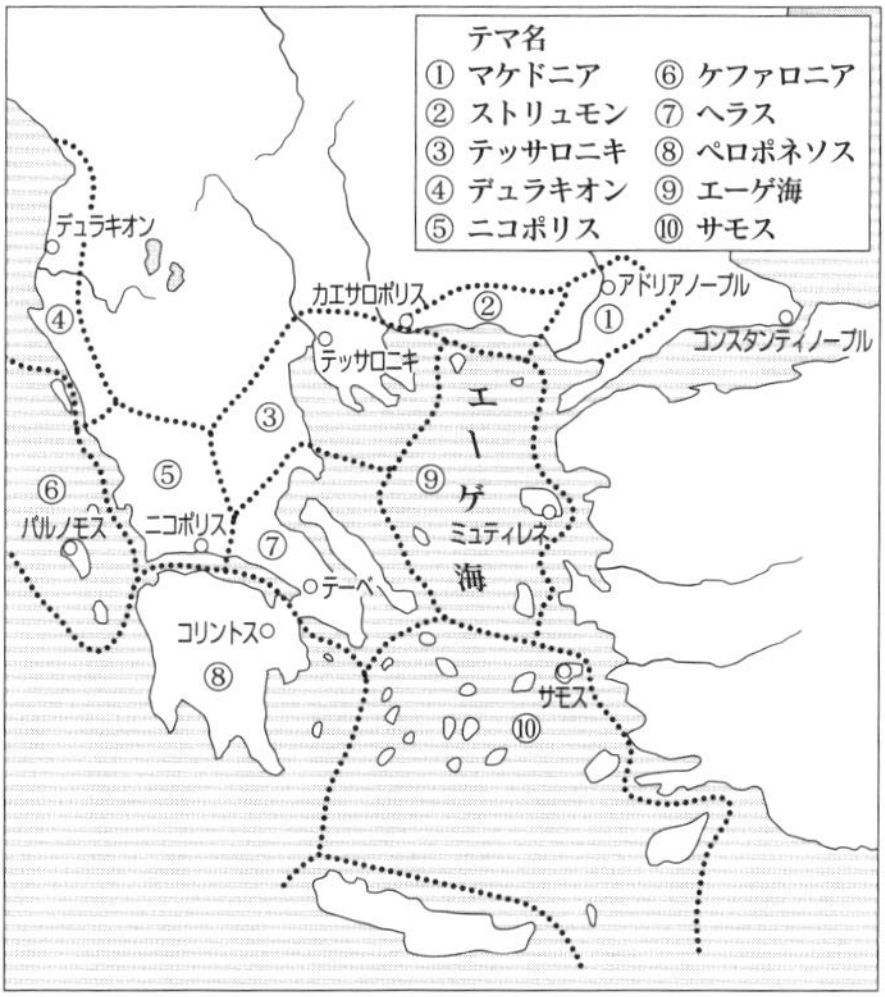

ギリシア地域のテマ(900年頃)

テマ(官職序列)	成立年代	成立の事情，その他
ヘラス(22)	687～695年	カラビジアノン(海のテマ)から分離独立？
エーゲ海(29)	レオーン3世時代	カラビジアノン(海のテマ)を分割
マケドニア(15)	コンスタンティノス6世時代？	テマ・トラキアの西部を分離。マケドニア回復の拠点
ペロポネソス(19)	ニケフォロス1世時代	テマ・ヘラスを分割。ペロポネソス北部・西部の征服
ケファロニア(25)	ニケフォロス1世時代	アドリア海での勢力拡大をめざす。西ギリシア再征服の拠点
テッサロニキ(26)	824年以前(ニケフォロス1世時代？)	「スラヴ人の地」への屯田兵政策
デュラキオン(27)	テオフィロス時代またはニケフォロス1世時代	アドリア海岸での勢力回復
サモス(28)	892年以前	テマ・エーゲ海から分離
ストリュモン(24)	レオーン6世時代	テマ・マケドニアから分離
ニコポリス(20)	レオーン6世時代	テマ・ケファロニアから分離

ギリシア地域のテマ(899年)

オーン六世(在位八八六〜九一二)時代にテマ・ニコポリスが分離・独立した。このころまでにデュラキオン、ストリュモンのテマも設置され、ほぼ全ギリシアがテマ体制下におかれた。ただし、ペロポネソス半島をはじめとしてギリシアの各地、とくに山間部にはなおスラヴ人が残っていた。『聖ニコン伝』(十一世紀半ば執筆)は、十世紀においてもスパルタ近郊にはスラヴ人異教徒が多数住んでいたことを伝えている。

九世紀には、ギリシアの内陸部へビザンツ帝国の勢力が伸びていく一方で、地中海ではアラブ人の攻勢によって後退をよぎなくされた。七世紀前半にスラヴ人の侵入を受けたものの、ビザンツ帝国領にとどまっていたクレタ島は、八二四〜八二七年のあいだに、スペインからやってきたアラブ人によって征服された。このあとクレタは一三〇年余りアラブ支配下におかれることになる。

専制国家体制の確立とギリシアの平和

ニケフォロス一世以降、ギリシア再征服とともに新しいテマ(軍管区)が設置されていき、九世紀末にはほぼ全ギリシアがテマ体制のもとにはいった。八九九年に作成された帝国官職表には、ギリシア地域のテマ長官一〇名が列挙されている。成立年代・成立事情を確定できないテマも少なくないが、設置の年代順にあげると前頁の表のようになる。

ギリシアにおかれたテマは、同じく帝国の地方軍事・行政単位といっても、小アジアのテマと比べると、つぎのような相違があった。(1)名称が軍団名ではなく地域名に由来する。(2)官職序列で相対的に低い地位におかれている。(3)長官は給料を中央政府からもらうのではなく、現地の税収入から受け取る。(4)反乱をほとんど起こしていない。これらの特徴は、ギリシアにおけるテマの成立事情を反映していると思われる。小アジアのテマが、アラブ人の侵入にともなう混乱のなかで、帝国軍団の地方駐屯をきっかけとして、軍団司令長官《ストラテーゴス》の主導のもとに誕生したのにたいして、ギリシアのテマは、中央政府によって再征服と並行して計画的に設置された。それゆえ、成立当初から中央の統制が強くおよんでいたのである。

　九世紀、小アジアでは有力な大テマの分割がおこなわれ、各テマ長官の権限は縮小された。その結果、八二〇年代初めのスラヴ人トマスの乱を最後に、テマ反乱は姿を消した。バルカン半島・ギリシアの再征服地にもテマがつぎつぎと新設され、テマ制度による全国支配が確立した。テマ制度の整備と並行して、中央の官僚制機構・軍事機構も整備され、ビザンツ帝国は中央集権的な皇帝専制国家へと発展していく。

　皇帝専制体制を支えていたのは、『農民法』にみられるような小土地所有自由農民と、彼らによって構成される村であった。国家の最大の財源は自由農民からの租税であった。村を徴税単位とし、連帯責任制度を施行することによって、国家は農民から確実に徴税することができたのである。徴税制度を整備したのもニケフォロス一世である。彼の「十大悪政」の大部分は財政改革であり、とくに八〇七年の全国課税調査は画期的な事業であった。自由農民は軍事面でも重要な役割をはたしていた。地方軍団《テマ》の一般兵士の多くは、普段は自らの土地を耕作する農民であった。軍役においても村は連帯責任をおっていた。ニケフォロス一世の「第二悪政」として『テオファネス年代記』は、「(皇帝は)貧民を軍隊にいれ、その貧民をほかの村人の費用で装備させよと命じた。……その際に村は連帯責任をおった」と記している。

帝国が発展へと向かうなか、九世紀末から十世紀初めに、ギリシアは一時的な危機にみまわれた。バルカン半島東北部のブルガリア王国がシメオン王(在位八九三〜九二七)のもとで強大となり、ビザンツ帝国とのあいだに三〇年にわたって断続的に戦争を繰り返したからである。ブルガリア軍は数度コンスタンティノープルを包囲する一方で、北ギリシア、マケドニアにも侵入した。ブルガリア戦争のさなかの九〇四年には、イスラーム艦隊がテッサロニキの町を攻略した。ブルガリアやイスラームの攻勢に刺激されて、なおギリシア各地に残っていたスラヴ人も不穏な動きをみせるようになった。

しかし、ほどなくこれらの問題は解消された。ペロポネソスのスラヴ人はロマノス一世(九二〇〜九四四)時代に大きな反乱を起こしたが、鎮圧されて帝国への貢納額を従来の一〇倍(六〇〇ノミスマタ)にされた。九〇四年のテッサロニキ陥落は、クレタ島を失ったことが遠因となっていた。しかし早くも九一一年にクレタ島奪回作戦がおこなわれ、九四九年の遠征をへて、ついに九六一年にクレタ島は奪回された。これによって東地中海の制海権は確保され、ギリシアの都市が海から攻撃を受ける心配はなくなった。長期にわたったブルガリア戦争も九二七年のシメオン王の死とともに終結する。このあとブルガリア王国は衰退し、最終的にバシレイオス二世(在位九七六〜一〇二五)によってビザンツ帝国に併合される。その結果、帝国の北の国境はローマ時代と同じくドナウ川となり、国境から遠く離れたギリシアは、十二世紀末まで長い平和を享受することができた。

バシレイオス二世時代はビザンツ帝国の最盛期である。帝国の版図はシリアから南イタリアにまで広がり、皇帝専制体制が確立して、財政的にも豊かであった。一〇一八年、ブルガリアを併合したバシレイオス二世は帰路アテネに立ち寄り、パルテノン神殿(当時は聖母教会となっていた)において戦勝記念のミサをとりおこなった。ビザンツ帝国の最盛期をかざる儀式であった。

経済の発展と社会構造の変化

七〜八世紀の動乱のなかでコロヌス制度は姿を消し、小土地所有自由農民が農村社会の主要な構成要素となった。もちろん、大土地所有が完全に消滅したわけではない。『続テオファネス年代記』の伝えるパトラスのダニエリス未亡人の物語は、九世紀なかばのギリシアにおける有力な地主の存在を語っている。ダニエリスは多数の所領と奴隷をもっており、農民上りのバシレイオス(のちの皇帝バシレイオス一世、在位八六七〜八八六)を援助した。八九〇年ころ、彼女が没すると、三〇〇〇人以上の奴隷を含む、その財産の大部分は皇帝レオーン六世にゆずられた。『続テオファネス年代記』では彼女は「女王《バシリッサ》」とも呼ばれており、独立の地域支配者のような存在であったらしい。皇帝による遺産相続は、パトラス周辺の農村部にも帝国の支配が確立したことを示すものであろう。

九世紀のビザンツ帝国には自由農民の村が広がっていた。ところが、早くも十世紀には、ビザンツ専制国家体制を支えていた自由農民の階層分化、没落が始まる。十世紀初めの『徴税要綱』は、経営が行きづまり納税できずに、やむなく逃亡する農民について述べている。逃亡農民の増加のために、国家は連帯責任制度をゆるめざるをえなくなった。『徴税要綱』が減免税・再課税について細かく定めているのはそのためである。九二二年以降繰り返し発布された土地・農民立法(「マケドニア朝の新法」)は、このような貧困化した農民の土地を、「有力者《デュナトイ》」あるいは村落内の富裕な農民が兼併したことを伝えている。「有力者」とは国家の爵位・官職の保有者であった。自由農民の没落とともに大土地所有が成長する様子がうかがえる。自由農民こそが国家の財政・軍事の基盤であったから、歴代の皇帝は「有力者」の土地取得を禁止したが、効果はあまりなかった。九九六年のバシレイオス二世の新法を最後に禁令はだされなくなる。

ギリシアでは、自由農民の没落と大土地所有の形成は小アジアに比べて遅れていた。十世紀の土地・農民立法においてもギリシアを対象としてだされたものは確認できない。しかしながら、十一世紀後半の農村の状況を伝える『テーベの土地台帳』をみると、ギリシアにおいてもこのころには自由農民の没落が進行していたことがわかる。同台帳にあらわれる納税者すなわち土地所有者の多くは、中下級の官位の保有者すなわち「有力者」で、うち何人かはテーベ、アテネなどの都市に住んでいた。

こうして、ギリシアにおいても「有力者」が自由農民の土地を集積する傾向がみられたが、ギリシアにおける大所領の形成は、没落した自由農民の土地の兼併よりも、むしろ皇帝から貴族や修道院への土地・農民贈与によることが多かった。アトス山の各修道院に残されている皇帝の下賜文書がその様子を語っている。これら貴族・修道院の所領経営は順調に進んだ。アレクシオス一世(在位一〇八一〜一一一八)以降の歴代皇帝がヴェネツィア、続いてピサ、ジェノヴァに商業特権を与えたため、ギリシア各地からイタリアへの穀物・肉・ブドウ酒の輸出が順調に伸びたからである。十二世紀のギリシア農業は活況を呈しており、飢饉の記録もない。牧畜においても、トルコ人に奪われた小アジア内陸部にかわって、エーゲ海の島が羊・牛・豚・鶏の生産地として栄えた。

アヴァール人・スラヴ人の侵入の時代に破壊された都市も、九世紀には再建が進み、平和の回復、商工業の発展とともに十世紀にはふたたび繁栄をみせるようになった。『聖ニコン伝』によると、十世紀後半のスパルタでは、有力市民が教会建築に金をだしていた。同伝記はまた、ユダヤ人や「北イタリアのアクィレイア出身で商売のためにスパルタに定住している兄弟」にも言及している。アテネでもいったん放棄された下町にふたたび居住区が広がるようになった。同じころのテッサロニキの繁栄ぶりは、九〇四年のアラブ人の略奪で一万五〇〇〇人が殺され、三万人が捕虜となったという数字からもうかがえる。

十一世紀後半のビザンツ帝国は、貴族反乱やトルコ人の侵入によって混乱したが、ギリシアはその影響をほとんど受けなかった。テーベの絹織物、コリントスのガラス工芸などが繁栄を続け、アテネの陶器生産も活発であった。続くコムネノス王朝時代(一〇八一〜一一八五年)に、ギリシア都市は一層の繁栄を示した。一〇八二年に免税特権を与えられたヴェネツィア商人が、テッサロニキをはじめエーゲ海北岸の都市、テッサリア地方の穀物積出港のデメトリアス、さらにアテネ、テーベ、コリントス、ナフプリオン、モドン、コロンなどにおいて、活発な交易活動を展開したからである。

十二世紀にはギリシアの各都市にはヴェネツィア人地区が形成されたようである。ユダヤ人も多数いたようで、トゥデラのベンジャミンの旅行記(一一六〇年代)によれば、テッサロニキに五〇〇人、コリントスに三〇〇人、テーベには二〇〇〇人のユダヤ人成人男子がいたという。外国商人の活動は各都市の商工業にも刺激を与えた。テッサロニキの大市の賑《にぎ》わいについては風刺文学の『ティマリオン』にも描かれている。ヴェネツィア人との紛争はしばしば生じ、ノルマン人のテーベ略奪事件(一一四七年)などもあったものの、少なくとも一一八〇年ころまではギリシア都市は繁栄を続けていた。

貴族の時代

自由農民の没落とともに成長してきた「有力者」は、官位に加えて土地・農民も支配する世襲的な特権階層であった。閉鎖的な身分は形成しなかったが、彼らを貴族と呼ぶことができよう。貴族の成長は「すべての人間は皇帝の奴隷である」という皇帝専制国家体制をゆるがすものであった。早くも十世紀後半には小アジアの有力貴族(フォーカス家、スクレロス家、マレイノス家)が繰り返し反乱を起こし、ニケフォロス二世フォーカス(在位九六三〜九六九)のように貴族出身の皇帝もあらわれた。

貴族の成長は、バシレイオス二世の専制政治によっていったんおさえられたが、その死後には急速に勢力を回復する。十一世紀なかばにマケドニア王朝が断絶したのちは、コムネノス家・ドゥーカス家などの有力貴族から皇帝がでるようになった。貴族たちは帝位をめぐって激しく争い、地方反乱がはてしなく繰り返された。ようやくアレクシオス一世コムネノスによって内乱に終止符が打たれ、ビザンツ帝国は貴族連合支配体制のもとで立ち直る。ビザンツ帝国史全体をみると十一世紀は、専制皇帝の時代から貴族の時代への大きな転換期であった。

十〜十一世紀の地方反乱はギリシアにはおよばなかった。十世紀後半に小アジアの貴族たちが反乱を起こしたとき、帝国西部(バルカン・ギリシア)はほぼつねに皇帝に忠実であった。十一世紀になると、反乱はバルカン地域においても生じるようになったが、ギリシアではやはり大規模な反乱は生じなかった。一〇六六年にテッサリア地方のラリッサで生じた反乱について、当地の貴族ケカウメノスはその著作『ストラテギコン(軍事書)』に記している。しかし年代記にはこの事件への言及はなく、帝国全体をゆるがすような事件ではなかったと思われる。

十〜十一世紀のギリシアで地方反乱が生じなかった理由としては、広大な所領を有し、テマ(軍管区)の長官職を世襲するような、強力な在地貴族の成長が遅れていたことがあげられる。また、帝国の軍事力の配備状況もその一因であった。バルカン地域において反乱の中心となったアドリアノープルは、帝国西方軍団の駐屯地であり、ここを拠点とする有力な軍事貴族(トルニキオス家、ブリュエンニオス家など)がいた。これにたいして、ギリシアには強力な軍団は配備されていなかったのである。

十一世紀末になるとギリシアも貴族の時代にはいる。『テーベの土地台帳』にみられたような地方有力者の土地兼併が進展しただけではなく、トルコ人に追われた小アジアの貴族たちが移ってきたからである。一〇八一年に成立したコムネノス王朝は、西方へ移った小アジアの軍事貴族たちの連合政権といってもよい。小アジア貴族の多くは皇帝から、首都の後背地であるトラキアのほか、マケドニア、テッサリア、クレタ島などに所領を与えられた。かくしてコムネノス王朝時代には、ギリシアにも貴族の大所領が広がるようになったのである。

しかしながら、アレクシオス一世からマヌエル一世(在位一一四三~八〇)にかけての一〇〇年間、貴族反乱はほとんど生じなかった。貴族の地方反乱が生じなかった理由としては、自らも貴族の出身であったコムネノス王朝の皇帝が、貴族の特権を承認する政策——プロノイア(軍事封土)の下賜、ヴェネツィアへの交易特権など——をとったことがあげられる。また、とりわけギリシアの貴族は、かつての小アジアの貴族のように、自力で土地・農民を獲得したり、開墾をおこなって所領を形成したのではなく、皇帝から領地を与えられたのであった。地方にしっかりした拠点をもたず、宮廷貴族的な性格が強かったことも、彼らが反乱を起こさなかった理由であろう。

盛期ビザンツ時代の文化と教会

異民族の侵入、都市の衰退、聖像破壊運動のため、七〜八世紀には沈滞していた学問・文化活動は、帝国の支配体制の再建とほぼ時を同じくして再開される。文化の復興は「暗黒時代」に散逸した古典作品の収集、あらたな写本の作成から始まった。古典の収集としてはフォティオスの『文庫』(八四三〜八五八年頃)が有名である。写本の作成は、九世紀から用いられるようになった小文字体のおかげで促進された。文字が早く書けるようになり、用紙も節約できたからである。

盛期ビザンツ時代(九〜十二世紀)のギリシアは文化面ではさほど目立たない。この時期の文化活動はコンスタンティノープルが中心であった。ビザンツ帝国が皇帝専制国家であるのに対応して、その文化も宮廷文化として栄えたのである。すでに九世紀における学問・教育活動の再開自体が、自然科学や歴史学など、国家との結びつきの強い分野から始まっている。十世紀のいわゆる「マケドニア朝ルネサンス」もコンスタンティノス七世の宮廷を中心に展開された。「マケドニア朝ルネサンス」については、古典作品の収集や模倣が中心で、独創性に欠けると批判されることが多い。真のルネサンスではないともいわれる。しかし『文庫』のあとを受けて、国家事業として古典を収集し、今日まで伝えたという点で、ギリシア文化史においてもつ意義は大きい。

十一世紀にはいると、文化は宮廷から都市・市民へと広がった。とはいえ、やはり首都コンスタンティノープルが中心であった。この時期を代表する知識人として、哲学者で歴史家のミカエル・プセルロスがいる。コンスタンティノープルの商人の息子として生まれたプセルロスは、独学で修辞学・哲学を学び、都に私立学校を開いた。プセルロスとその学問仲間は、まもなくコンスタンティノス九世(在位一〇四二~五五)によって、帝国大学の教授にむかえられる。プセルロスは、教会から異端の疑いをかけられつつも、ギリシア哲学とくにプラトンを研究した。主著の『年代記』もいきいきとした人物描写で、ビザンツ歴史学のあらたな時代を画するものであった。

十二世紀の文化・芸術活動は「コムネノス朝ルネサンス」と呼ばれることもある。アレクシオス一世の娘アンナ・コムネナの『アレクシオス伝』は、この時期を代表する作品で、ビザンツ歴史学の最高傑作といわれている。同じく十二世紀なかばのテオドロス・プロドロモスは、宮廷詩人として伝統的な讃美演説を著わす一方で、俗語による詩も書いている。ビザンツ文化の新しい動きといえよう。同じくあらたな動向としては、ようやく十二世紀末になって、ギリシアにおいても学問・文化が盛んとなったことがあげられる。テッサロニキ大主教エウスタティオスや、その弟子でアテネ大主教のミカエル・コニアテスがその代表である。エウスタティオスのホメロス註解は、ヘレニズム以来積み上げられてきた註釈に、自分自身の独自の註釈をつけ加えたもので、伝統的なビザンツの学問から一歩踏み出したものであった。

聖像破壊運動が終了した九世紀なかばから十一世紀末まで、ビザンツ帝国は深刻な異端問題に直面することはなかった。聖像破壊運動を通じて、宗教問題においても皇帝が最高の権限をもつという理念が確立されたが、皇帝専制体制下の宗教政策はどちらかといえば寛容であった。ところが、内乱の時代をへてコムネノス王朝時代になると、宗教政策は寛容性を失った。アレクシオス一世は、プセルロスの弟子でギリシア哲学を追求したイタロスを処刑するとともに、ボゴミール派異端にたいしても厳しい処置をとった。

聖像破壊運動を乗りこえたビザンツ教会は、スラヴ人へのキリスト教布教に取りかかった。ビザンツ教会の最初の大規模な布教活動は、九世紀なかばのモラヴィア(現在のチェコ)伝道である。その拠点となったのは北ギリシアのテッサロニキである。「スラヴ人の使徒」と呼ばれたコンスタンティノスとメトディオスの兄弟はこの町の生まれであった。町の周辺には、当時なおスラヴ人が多数住んでおり、彼らはスラヴ人のことばを理解できた。モラヴィア伝道に先立って、彼らはスラヴ語のアルファベット(グラゴール文字、現在のキリル文字の原型)をつくり、聖書や典礼書のスラヴ語訳を作成している。モラヴィア伝道は失敗に終わったものの、ブルガリア、セルビアは九世紀なかばにビザンツからキリスト教を受容した。続いて十世紀には、ロシアにもキリスト教が広がり、九八八年にキエフ公ウラジーミルが正教に改宗した。

聖像崇拝問題、さらにスラヴ人への布教をめぐって、対立と和解を繰り返してきた東西のキリスト教会は、一〇五四年に最終的な分裂にいたった。この年、ローマ教皇とコンスタンティノープル総主教は、相互に破門を宣言し、以降、ついに再統一はなされなかった。

九六三年、ニケフォロス二世の援助によって、今日でも正教の聖地とされるアトス山に、最初の修

ダフニ修道院(上)とパントクラトールのキリスト　アテネ郊外のダフニ修道院のモザイクは当時のギリシアの繁栄ぶりを語っている。

道院、ラウラ修道院が設立された。アトスにはこのあとつぎつぎと修道院が建てられ、一〇〇〇年ころにはすでに四六もの修道院があったという。続く十一世紀は修道院建設の時代であった。ギリシアでも、フォーキス地方のホシオス・ルカス修道院(十世紀半ば、十一世紀前半増築)、キオス島のネア・モネー修道院(一〇四二年より少し前)、パトモス島の聖ヨハネ修道院(十一世紀末)、アテネ近郊のダフニ修道院(十一世紀末頃)がつぎつぎと建てられている。いずれも優れたモザイク壁画を伝えており、建築史、美術史のうえでも重要である。

ビザンツ帝国のギリシア支配の崩壊

マヌエル一世時代の栄光を最後として、十二世紀末になるとふたたび地方反乱が頻発し、ビザンツ帝国は急速に衰退に向かった。帝国を崩壊へと向かわせた第一の要因は、貴族層のさらなる成長と自立であった。皇帝専制体制の再建をめざしたアンドロニコス一世(在位一一八三〜八五)の改革も、かえって帝国政治を混乱させてしまった。

この時期の貴族反乱は、皇帝を自称してコンスタンティノープルに攻めのぼるという十一世紀までの形態に加えて、地方で自立し、帝国からの分離をはかるというあらたな傾向を示すようになった。一一八四年にはイサキオス・コムネノスがキプロス島に独立政権を建てた。一一八八年には小アジア西部でテオドロス・マンカファースが皇帝を称して銀貨も発行した。

貴族のさらなる成長と密接に絡み合っていたのは、十一世紀の末以降、十字軍およびイタリア商人を先頭として進められた西欧勢力の東地中海世界への進出である。ビザンツ貴族の成長・自立を経済的に支えたのは、イタリア都市との交易であった。また、貴族の反乱にも西欧勢力の軍事的な支援がみられた。南イタリアのノルマン人はキプロスの独立政権を支援する一方、アンドロニコス一世の改革政治に不満をもつビザンツ貴族の呼びかけに応えて、帝国領に侵入した。一一八五年八月にノルマン軍がテッサロニキを攻略すると、ほどなくアンドロニコスは失脚に追い込まれた。マンカファースもまた、フリードリヒ一世バルバロッサ(在位一一五二〜九〇)の第三回十字軍を利用して、独立を確保しようとした。

十〜十一世紀においてほとんど反乱のなかったギリシアは、十二世紀末の地方分離運動でも、ほかの地域に比べて遅れていた。しかしそのギリシアにおいても、帝国の支配体制の崩壊は明らかであった。アテネの地方行政の混乱ぶりは大主教ミカエル・コニアテスが伝えている。クレタ島では、スコルデュレス家などの在地の貴族が、皇帝から与えられたプロノイア(軍事封土)を私物化していた。

あいつぐ地方反乱のなかでも、帝国にとってとりわけ深刻な問題となったのは、一一八六年から始まったブルガリアの反乱であった。民族独立運動の形態をとったブルガリア反乱は、広汎な民衆を巻き込んで展開され、帝国はついにその独立を認めざるをえなくなったからである。しかもブルガリア反乱は、帝国からの自立をめざす貴族の運動としばしば結びついた。アレクシオス三世(在位一一九五

〜一二〇三）の従兄弟で、ブルガリア討伐軍の司令官に任じられたマヌエル・カミュツェスは、ブルガリア軍に捕われたのち、一二〇一年にはブルガリアと結んで皇帝に反旗をひるがえし、北ギリシアに独立政権を建てた。カミュツェスは続いてテッサリアも占領した。その結果、アッティカ地方には帝国の支配がおよばなくなり、ペロポネソス半島でも在地の貴族レオーン・スグーロスが独立政権を樹立した。

一二〇三〜〇四年、第四回十字軍がコンスタンティノープルに迫ってきたとき、ビザンツ帝国はすでに内部崩壊の状態にあった。各地の貴族たちは、十字軍のコンスタンティノープル攻撃を利用して、帝国からの自立を進めた。スグーロスはペロポネソスからアッティカ地方へ進出し、テーベを占領すると、テッサリア地方にまで勢力を伸ばした。孤立したコンスタンティノープルにたいして、十字軍とヴェネツィアはビザンツ帝国領の分割協定を結んだのち、総攻撃を開始した。一二〇四年四月十三日コンスタンティノープルは陥落し、ビザンツ帝国はいったん姿を消す。

4　分裂時代のギリシア

第四回十字軍によるギリシアの分割

コンスタンティノープル征服ののち、十字軍諸侯とヴェネツィアは、ビザンツ帝国にかわるあらたな支配体制について改めて協議した。その結果、フランドル伯ボードゥアンがラテン帝国の初代皇帝に選ばれ、コンスタンティノープルとその周辺、東部トラキアと小アジア西北部を皇帝直轄領として与えた。ギリシアをはじめとする残りの旧ビザンツ領は、各諸侯とヴェネツィアに割りあてられたが、十字軍諸侯はラテン皇帝に臣従を誓い、割当地域を封土として受け取ることになった。

十字軍のギリシア征服は、モントフェラート侯ボニファッチョの指揮のもとに進められた。彼はビザンツ帝国第二の都市テッサロニキを占領し、周辺地域(マケドニア、西部トラキア、テッサリア)をあわせて、ラテン皇帝を主君とするテッサロニキ王国を建てた。ボニファッチョはさらに南へと進撃し、アッティカ地方へと軍を進めた。十字軍の接近を知ったレオーン・スグーロスは、テーベを放棄してペロポネソスへと撤退した。ボニファッチョはアテネ、テーベを占領すると、この地方をブルゴーニュの騎士オトン・ドゥ・ラ・ロシュに封土として与えた。ここにギリシアにおける十字軍国家のひとつアテネ公国が成立する。

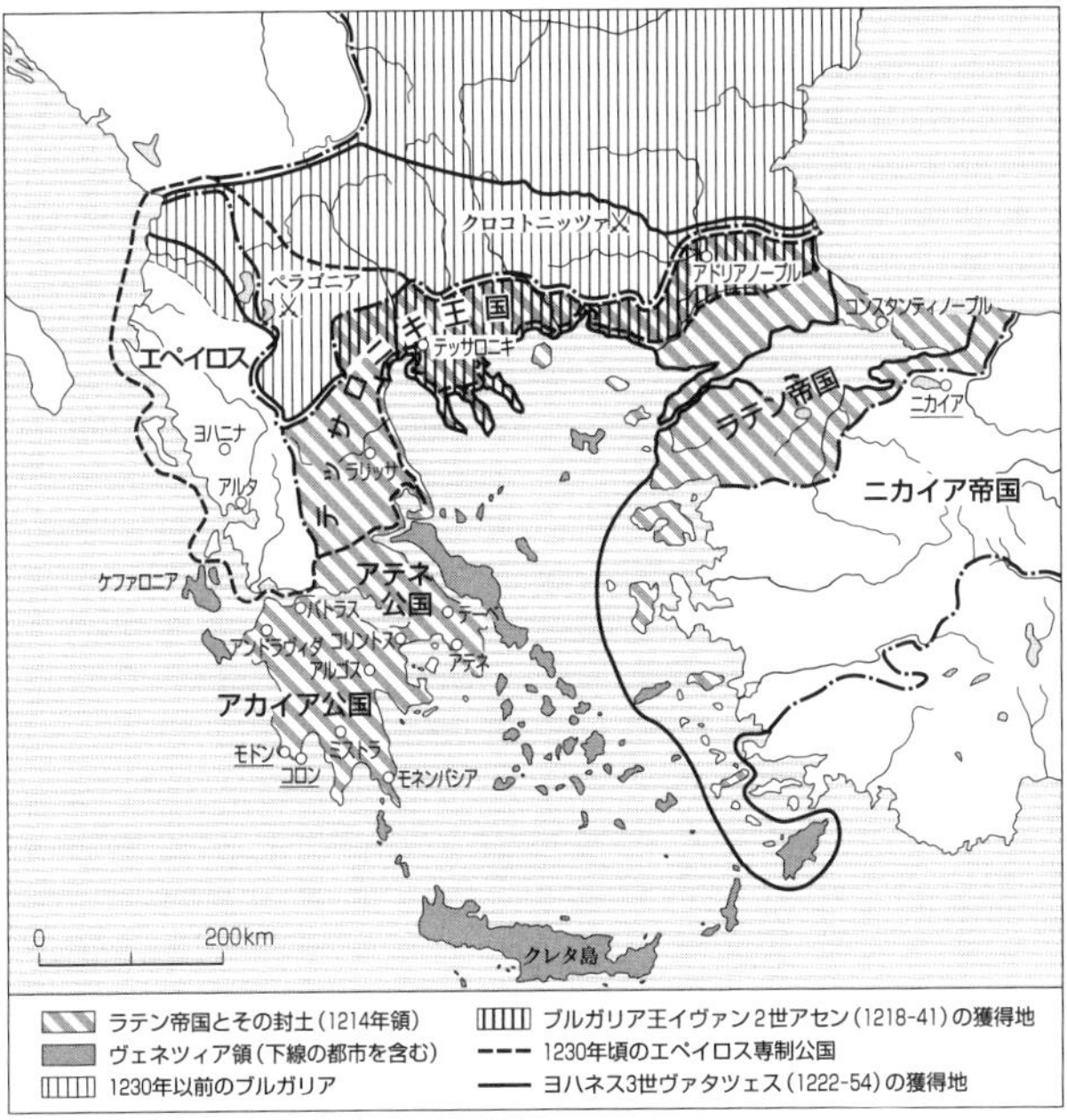
クロコトニッツァ
ペラゴニア
ロニキ王国
テッサロニキ
アドリアノープル
コンスタンティノープル
エペイロス
ヨハニナ
アルタ
ラリッサ
ラテン帝国
ニカイア
ニカイア帝国
アテネ公国
ケファロニア
パトラス
テーベ
アンドラヴィダ
コリントス
アテネ
アルゴス
アカイア公国
モドン
コロン
ミストラ
モネンバシア
クレタ島
0
200km
ラテン帝国とその封土(1214年領)
ヴェネツィア領(下線の都市を含む)
1230年以前のブルガリア
ブルガリア王イヴァン2世アセン(1218-41)の獲得地
1230年頃のエペイロス専制公国
ヨハネス3世ヴァタツェス(1222-54)の獲得地
第4回十字軍後の旧ビザンツ帝国領

十字軍のギリシア征服が順調に進んだ理由としては、ボニファッチョが有能な軍人かつ政治家であったことに加えて、大土地所有者をはじめとするギリシアの住民が十字軍を歓迎したことがあげられる。スグーロスには激しく抵抗したアテネ大主教ミカエル・コニアテスも、ボニファッチョには簡単に城門を開いている。ギリシアは交易などを通じてすでに西欧との結びつきを深めており、その支配を受け入れるのに強い違和感はなかった。十字軍の到来は、混乱をおさめ、社会の安定をもたらすものと、むしろ歓迎されたのである。

ペロポネソスに退却したスグーロスは、アルゴス、ナフプリオン、アクロコリントスの三要塞を拠点として抵抗した。十字軍もこれらの要塞を落とすことができず、戦争は膠着《こうちゃく》状態となった。そこへあらたな勢力が参入する。聖地へ向かっていたジョフロワ・ド・ヴィラルドゥワン(同名の十字軍史家の甥)がコンスタンティノープル陥落を聞いて引き返し、ペロポネソス半島南部に上陸して、征服を始めたのである。ヴィラルドゥワンは、ボニファッチョのもとで戦っていたギヨーム・ド・シャンプリットに臣従を誓い、ボニファッチョから援軍をえて征服を進めた。一二〇五年、ギヨームはアカイア公と名乗った。十五世紀までペロポネソスを支配する十字軍国家アカイア公国の起源とされる。アクロコリントスの要塞にこもって抵抗を続けていたスグーロスも一二〇八年に自害した。

こうしてラテン皇帝を主君とする一連の征服国家が成立したが、宗主国であるラテン帝国(一二〇四〜六一年)は直轄領も狭く、かつ北方にブルガリア王国という強力な敵をかかえていた。早くも一二〇五年に、アドリアノープルの戦いにおいてブルガリア王カロヤン(在位一一九七〜一二〇七)に破れ、皇帝ボードゥアンが捕えられている。テッサロニキ王国もきわめて脆弱《ぜいじゃく》な国家であった。やはりブルガリアの攻撃を受け、かろうじてテッサロニキを守ったものの、一二〇七年にボニファッチョが戦死すると、内紛にみまわれる。これにたいして、ギリシア南部のアテネ公国・アカイア公国は、ブルガリアの脅威を直接受けることもなく、順調に支配体制を確立していった。アテネ公国では旧ビザンツ皇帝領を確保したこともあって、公の権力が比較的強かった。アカイア公国は半島北西部のアンドラヴィダに宮廷をおいたが、十二伯領をはじめ、要塞を構える有力諸侯が割拠する封建的な国家となった。

第四回十字軍から最大の利益をえたのはヴェネツィアであった。ヴェネツィアは、当初の割当地域であった、ギリシア西北部のエペイロス、ペロポネソス半島などの内陸部を返上し、かわりに島嶼部と港湾都市を手にいれた。しかも十字軍諸侯とは異なって、ラテン皇帝への臣従義務もなく、東地中海・エーゲ海に独自の海上帝国を建設したのである。その拠点となったのは、本来ボニファッチョの割当地であったクレタ島で、ヴェネツィアは彼からこの島を購入し、すでに勢力を広げていたジェノヴァ人を追い払うことに成功した。

エペイロス専制公国とニカイア帝国

コンスタンティノープル陥落後の旧ビザンツ領には、十字軍の征服国家のほかに、ビザンツ人の地方政権もつぎつぎと成立した。小アジア東北のトレビゾンドでは、すでにコンスタンティノープル陥落の少し前に、コムネノス家が独立政権を建てており、西北部のニカイアには、都から逃れてきたラスカリス家のテオドロスが亡命政権を建てた。ギリシアでも、ペロポネソスのスグーロスの独立政権に加えて、エペイロスに亡命政権が生まれた。

ボニファッチョのギリシア征服に加わったビザンツ人のなかに、元ビザンツ皇帝アレクシオス三世アンゲロスの従兄弟ミカエル・ドゥーカス(アンゲロス)もいた。彼はまもなくラテン人と袂《たもと》をわかち、ピンドス山脈をこえてエペイロスに向かった。エペイロスは西と南を海に、東と北を山に囲まれた地形で、その他のギリシア地域がつぎつぎと十字軍、ヴェネツィアの支配下におかれるなかで、独立を保つことができた。アルタに都をおいたこの亡命政権は、歴代の君主がビザンツ帝国の高位称号「専《デス》制公《ポテース》」を称したことから、エペイロス専制公国と呼ばれている。

一二一〇年代にはいるとエペイロスは勢力を拡大する。ミカエル一世ドゥーカス(在位一二〇五〜一五)は、ヴェネツィアからデュラキオンとコルフ島を奪回する一方、ピンドス山脈をこえてテッサリア地方にも勢力を伸ばした。続くテオドロス一世ドゥーカス(在位一二一五〜三〇)は、一二一七年にラテン皇帝を捕えるという戦果をあげ、一二二四年にはテッサロニキを攻略して、十字軍国家テッサロニキ王国を滅ぼした。ほどなく彼は「ローマ人の皇帝」と名乗り、ビザンツ帝国再建の旗印を掲げて、コンスタンティノープルに迫った。しかしながら、一二三〇年、コンスタンティノープル攻撃に先立っておこなわれたクロコトニッツァの戦いにおいて、エペイロス軍はブルガリアに破れ、テオドロス一世は捕虜となった。この敗北によってエペイロス専制公国は小国に転落した。テオドロス一世の弟マヌエルがテッサロニキで皇帝を称し、エペイロス本土はミカエル一世の庶子ミカエル二世が専制公として支配したものの、いずれも地方勢力の域をこえるものではなかった。エペイロスにかわってコンスタンティノープル奪回をめざすのは、小アジア西北部のニカイア帝国である。

ニカイア帝国は、ヨハネス三世ヴァタツェス(在位一二二一～五四)のもとで急速に国力を強化し、バルカン半島にも勢力を広げた。一二四二年にはテッサロニキを攻撃し、マヌエルの甥で皇帝を称していたヨハネスに、ニカイア帝国の宗主権を承認させた。さらに一二四六年には、モンゴル人の侵入と内紛に苦しむブルガリアを破り、トラキア・マケドニア地方を奪取、続いてテッサロニキとその周辺地域も併合した。こうして、ニカイア帝国は小アジアからバルカン・ギリシアに広がる強国となった。

ギリシア南部のアテネ公国・アカイア公国は、コンスタンティノープルをめぐる諸国家の対立に巻き込まれることも少なく、比較的平和であった。とくにアカイア公国は、ジョフロワ二世ヴィラルドゥワンの時代(一二二六／三一～四六年)には、半島全域に城砦網が広がり、西欧との貿易も活発になって、平和と繁栄を享受していた。新天地を求める騎士たちがフランスからつぎつぎとやってきて、アンドラヴィダの宮廷は、「世界でもっとも高貴な騎士」がおり、「パリより洗練されたフランス語が話される」といわれた。

ビザンツ帝国の再建と諸国家の盛衰

ニカイア帝国のラテン帝国包囲網がいよいよ狭まってくると、アカイア公国・エペイロス専制公国は、シチリア王国も巻き込んで反ニカイア同盟を結び、そのコンスタンティノープル奪回を阻止しようとした。しかしながら、まとまりを欠いた反ニカイア連合軍は、一二五九年のペラゴニアの戦いに惨敗をきっした。アカイア公ギヨーム二世はニカイア帝国軍の捕虜となった。エペイロスの都アルタも占領され、専制公ミカエル二世はかろうじてケファロニア島に逃れた。

一二五九年のペラゴニアの戦いの結果、ニカイア帝国のコンスタンティノープル奪回を阻止しうる勢力はなくなった。ニカイア帝国軍は一二六一年七月、ヴェネツィア艦隊が留守のあいだに、コンスタンティノープルにはいり、ラテン帝国は滅亡した。

ビザンツ帝国を再建したミカエル八世パライオロゴス(在位一二五九～八二)は、旧帝国領の奪回をはかった。まずアカイア公ギヨーム二世から、身柄の釈放とひきかえに、モネンバシア、ミストラを含むペロポネソス半島南部を割譲させた。半島はアカイア公国領とビザンツ帝国領モレアに二分され、このあと二〇〇年近く両勢力の角逐の舞台となる。ミカエル八世は、シチリア王マンフレートの援助で都アルタを回復していたエペイロス専制公国にたいしても攻勢にでたが、完全に屈服させることはできず、一二六五年、両国のあいだで協定が結ばれた。専制公の息子ニケフォロスとミカエル八世の姪アンナの婚約が成立し、ニケフォロスはコンスタンティノープルへのぼって、専制公の称号を改めてミカエル八世から授与された。このあとエペイロス専制公国は、名目上ビザンツ皇帝に服しつつ、しだいにイタリアとの関係を深めていく。

ビザンツ帝国の再建後も西欧の支配下にとどまっていたのは、ペロポネソス半島北・西部のアカイア公国、アテネ公国、クレタ島をはじめとするヴェネツィア領の島嶼・諸都市である。

いったんはミカエル八世に服したアカイア公ギヨーム二世は、まもなくビザンツ帝国との関係を断ち、シチリア＝ナポリ王のシャルル・ダンジュー（在位一二六五〜八五）に臣従を誓った。一二七八年、ギヨームの死とともに、シャルル・ダンジューがアカイア公シャルル一世となった。しかしながら、シャルル一世、その息子シャルル二世はペロポネソスにはいることもなく、公国の支配体制はゆるんでいった。十二の伯領も、ビザンツ側の攻勢によって、消滅したり、領土を失っていった。戦乱のなかで、ペロポネソスの経済は深刻な打撃を受け、西欧からのあらたな騎士の流入も滞りがちになった。

アテネ公国はギュイ二世ブリエンヌの時代（一二八七〜一三〇八年）に、ヴェネツィアへの農産物輸出によって経済は発展し、テーベの絹織物業も活況を呈した。ところがその直後に、大きな動乱にみまわれる。小アジア西北部の領土をおかしつつあるトルコ＝イスラム系のオスマン集団に対抗するため、ビザンツ皇帝アンドロニコス二世(在位一二八二〜一三二八)が招いたカタロニア人傭兵部隊に征服されたのである。一三〇三年秋に、北東スペインのアラゴン王国からやってきた傭兵部隊は、まもなく帝国に背き、トラキア、マケドニアを略奪した。続いて軍団は南へと向かい、一三一一年にはアテネ公ゴーティエ・ド・ブリエンヌを殺害して、アテネ公国の支配者となった。このあと、一三八五年までアテネ公国はカタロニア軍団の支配下におかれる。

クレタ島ではすでにコムネノス王朝時代から大土地所有が発展していた。この島を手にいれたヴェネツィアは、騎兵・歩兵を入植させるため土地没収をおこなったが、ギリシア人領主の反発を招き、一二一一年から三〇年代にかけて何度か反乱が生じた。ヴェネツィア政府はまもなく政策を転換し、ギリシア人領主との融和をはかった。コンスタンティノープルを奪回したミカエル八世が、旧ビザンツ領回復の一環として、クレタ島にも使節を送って反乱をうながしたが、効果がなかったのはそのためであろう。一二八三年から九九年まで続いたアレクシオス・カレルギスの大反乱も、ビザンツ帝国への復帰ではなく、ヴェネツィア支配下でのギリシア人の地位の向上をめざすものであった。一二九九年の和解協定には、ギリシア人とヴェネツィア人との結婚を認めるという条項もみられる。

ビザンツ帝国のギリシア化とセルビアの盛衰

十三世紀末から十四世紀前半、ビザンツ帝国はギリシア的性格を強めていく。小アジア西北部をオスマン朝に奪われる一方で、ギリシア地域では領土の回復が進んだ。一三一八年、イタリアのオルシニ家（ケファロニア伯）がエペイロスの専制公位を継承した際の混乱に乗じて、ビザンツはヨハニナの町を手にいれた。ギリシア再征服は、一三二〇年からの前後八年にわたる内乱のためいったん中断したが、アンドロニコス三世（在位一三二八〜四一）時代には、ヨハネス・カンタクゼノスをはじめとする大土地所有貴族の支持のもと再開された。ビザンツは一三三五年ころに全テッサリアを征圧し、続いてエペイロスにも勢力を広げていった。一三三六ないし三七年のヨハネス二世オルシニの死後、攻勢にでたビザンツ軍は、四〇年に都アルタを攻略した。エペイロスは帝国に併合され、ヨハネス二世の息子ニケフォロス二世（母方は初代の専制公ミカエル一世）は専制公の称号を返上し、ビザンツ帝国の爵位パンヒュペルセバストスを与えられた。

こうしてビザンツ帝国は北中部ギリシア（マケドニア、テッサリア、エペイロス）を完全に支配下においた。ペロポネソス半島でもビザンツ側が勢力を拡大しており、しだいに圧迫されていたアカイア公国の諸侯は、ビザンツ帝国の宗主権を認めると申し出てきた。カンタクゼノス自身が述べているように、「つぎにはアテネのカタロニア人を屈服させて、ローマ帝国はペロポネソスからコンスタンティノープルまで一続きとなろう」という勢いであった。一三四〇年のビザンツ帝国は、ほぼ現代のギリシア共和国に等しい版図を有していた。文化面でもこの時期にはギリシア古典文化への関心が高まり、これまで「ローマ人」と称していたビザンツ人のあいだで、ギリシア人意識が広がりつつあった。国民国家としてのギリシアへと転生する可能性を、ビザンツ帝国がわずかに示した時期といえよう。

　ところがその直後にビザンツ帝国ではふたたび内乱が生じた。一三四一年、幼帝ヨハネス五世パライオロゴス（在位一三四一～九一）が即位すると、まもなく政変が起き、帝国政治を主導してきたカンタクゼノスは追放された。カンタクゼノスは各地の貴族勢力を糾合して反乱を起こし、都市民や外国勢力も加わって、大混乱となった。テッサロニキでは貴族支配に反発する市民が、熱心党《ゼーロータイ》と呼ばれる集団を中心に蜂起し、貴族を追放して市民の政権を樹立した。混乱に乗じてセルビアのステファン・ドゥシャン王（在位一三三一～五五）は、テッサロニキを除くテッサリア、マケドニア全域を併合し、正教の聖地アトス山も支配下においた。彼は一三四五年に「セルビア人とローマ人の皇帝」と称し、四八年にはエペイロスも征服して、バルカン半島の西部を統一する大帝国を築いた。

　一三四七年、カンタクゼノスはコンスタンティノープルにはいると、娘をヨハネス五世と結婚させ、自らも共同皇帝ヨハネス六世（在位一三四七～五四）となった。内乱の終結によってビザンツ帝国は立ち直るものと思われたが、思わぬ出来事がそれを阻止した。ペストである。中央アジアから黒海北岸のジェノヴァ都市カッファをへてコンスタンティノープルに広がったペストは、ビザンツ帝国に大きな打撃を与えた。続いて一三五二年からはまたも内乱が起こり、五四年にヨハネス六世カンタクゼノスは退位をよぎなくされた。この間にドゥシャン王はさらに領土を広げ、コンスタンティノープル征服を計画するほどであったが、一三五五年十二月に急死した。

ドゥシャンの死とともに大セルビア帝国はあっけなく崩壊する。しかしながら、この機会をとらえて領土を奪回する力は、ビザンツ帝国にはもはや残されていなかった。エペイロスも同様であった。混乱に乗じて、もとのエペイロス専制公ニケフォロス二世がテッサリア、エペイロスをおさえ、ふたたび専制公と称したが一三五九年にアルバニア人との戦いに倒れた。ニケフォロスの死によって開祖ミカエル一世の血統はたえ、このあとエペイロスでは、セルビア人、アルバニア人、イタリア人の専制公が相争う状態となる。

アテネ公国においてもカタロニア軍団の支配がゆらいでいた。隣接するアテネ公国の弱体化をみて、アカイア公からコリントスを封土としてえていたフィレンツェのアッチャイウォーリ家のネリオは、その征服に取りかかった。精強を誇ったカタロニア軍団もかつての面影はなく、一三八五年にアテネは陥落、アクロポリスにたてこもった軍団も三年後に降伏した。フィレンツェ人の支配のもとで、アテネ公国はギリシア的性格を濃くした。ネリオ一世の官庁ではギリシア語が用いられたし、第四回十字軍ののち廃止された正教のアテネ大主教座も復活した。

ギリシア諸国家が混迷を深めるなかで、唯一繁栄を示したのはビザンツ領のモレア(ペロポネソス半島)である。一三四九年、ヨハネス六世カンタクゼノスは、息子マヌエルに専制公の称号を与え、モレアの支配を委ねた。これ以降、モレアは親王領(専制公領)として皇族が統治する慣例となった。マヌエルは父の失脚後も専制公の称号を認められ、一三八〇年までモレア支配を続けた。マヌエルのあと、パライオロゴス家の皇子が代々モレア専制公となったが、ブドウ酒・生糸などの産業が栄え、港町モネンバシアはイタリア商人で賑わった。文化面でも、城砦都市ミストラはコンスタンティノープルにかわる中心地となった。

オスマン帝国のギリシア征服

十三世紀末に建国したトルコ系のオスマン集団は、まもなく小アジア西北部のビザンツ領をほぼ制圧した。オスマン集団が海軍をもたなかったため、バルカン半島・ギリシアはさしあたってはその攻撃をまぬがれていた。ところが、十四世紀なかばの内乱とセルビアの進出に際して、ビザンツ帝国はオスマン集団を傭兵として招き入れた。海峡をこえたオスマン集団は、一三五四年にカリポリス(ガリポリ、ゲリボル)を占領すると、ここを橋頭堡《きょうとうほ》としてバルカン半島の征服に取りかかる。

当時のバルカン・ギリシアの諸国家は弱体化しており、オスマン朝の進出に抵抗できなかった。ドゥシャン王の大セルビア帝国は、王の死とともに解体し、ブルガリアも、イヴァン・アレクサンドル王(在位一三三一〜七一)による親王領制度の進展によって、国家の分裂が顕著になっていた。エペイロス(イピロス)もまた、アルバニア人とイタリア人の勢力に挟まれて、南北に分裂していた。カタロニア人にかわってアテネ公国の支配者となったフィレンツェ人ネリオ一世も、オスマン軍の接近を前にして、アテネの町をヴェネツィアに委ねざるをえない状況であった。しかし、そのヴェネツィアも陸上ではオスマン軍の敵ではなかった。

オスマン朝によるバルカン征服の最初の画期となったのは、一三七一年のマリッァ川の戦いである。この戦いでセルビア諸侯の連合軍が惨敗をきっすると、セルビアだけでなく、ビザンツやブルガリアも、オスマン朝のスルタンに臣従せざるをえなくなった。各国の諸侯のなかにも、オスマン支配を積極的に受け入れる動きが強まった。マヌエル・パライオロゴス(のちの皇帝マヌエル二世、在位一三九一～一四二五)のもとで抵抗を続けたテッサロニキも、オスマン軍の攻撃にたえきれず、一三八七年に降伏した。

一三八九年のコソヴォの戦いがつぎの画期となった。この戦いにおいてふたたびセルビア諸侯連合軍を破ったオスマン帝国は、一三九三年にはタルノヴォを攻略して第二ブルガリア王国を滅ぼした。続いて一三九四年秋からコンスタンティノープルを包囲する一方で、ギリシア征服もおこない、ペロポネソスにまで軍を進めた。しかしながらオスマン帝国の攻勢は、一四〇二年のアンカラの戦いで、スルタンのバヤズィッド一世がティムールに捕えられたことによって中断された。オスマン帝国の解体に乗じて、ビザンツ帝国はテッサロニキなどの都市を回復した。アテネ公国でもアッチャイウォーリ家が公に戻り、アントニオ一世(在位一四〇三～三五)のもとで平和を享受することができた。

オスマン帝国はまもなく再建され、一四二二年にはふたたびコンスタンティノープルを包囲するなど、各地で攻勢にでた。防衛が困難となったテッサロニキの町は、一四二三年ヴェネツィアに譲り渡されたが、ついに三〇年三月に陥落し、最終的にオスマン帝国領となった。同じ年エペイロスの主要都市ヨハニナも陥落し、翌年には全エペイロスがオスマン軍によって制圧された。オスマン帝国はエペイロスを従属国とするにとどめ、イタリア人専制公カルロ二世トッコ(在位一四二九〜四八)にアルタの統治を許した。アルタを含めて全エペイロスが直接支配下にはいるのは一四四九年である。

ギリシアの北中部がオスマン帝国の支配下にはいっていくなかで、ペロポネソス半島ではモレア専制公コンスタンティノス(のちのビザンツ皇帝コンスタンティノス十一世パライオロゴス、在位一四四九〜五三)が領土を広げていた。一四三〇年にはアカイア公国の最後の拠点パトラスを攻略した。アカイア公国領は消滅し、沿岸部の少数のヴェネツィア領を除いて、半島はビザンツ領に統一された。さらに一四四五〜四六年に、コンスタンティノスはアテネ、テーベを征服すると、続いてテッサリア地方に進軍し、ピンドス山脈にまで勢力を広げた。しかし、オスマン軍はただちに反撃にでて、ペロポネソス半島の入り口、コリントス地峡に築かれていたヘキサミリオン要塞を破壊し、ペロポネソス半島(モレア)を略奪した。

オスマン軍による一四三〇年のテッサロニキ攻略、四六年のペロポネソス半島略奪は、同じ運命がコンスタンティノープルにも迫っていることを告げていた。ビザンツ帝国に残された唯一の希望は西欧からの援軍であった。そのために、一四三八〜三九年のフィレンツェ公会議に皇帝ヨハネス八世（在位一四二五〜四八）自ら出席し、東西教会の合同決議に署名した。しかしながら、約束の援軍はこないまま、一四五三年コンスタンティノープルは陥落、ビザンツ帝国は滅びた。最後まで残ったミストラも、一四六〇年にトルコ軍に降伏し、ギリシアは長いトルコ支配の時代にはいる。

中世末期の社会と教会

コムネノス王朝時代とくにその末期以降、ビザンツ帝国においては、各地域における土地所有貴族の自立の傾向が目立ち始める。一二〇四年以降のギリシア世界の政治的分裂の背景にあったのは、このような地方貴族の割拠であったが、彼らの経済的な基盤はその所領経営にあった。中世末期のギリシア農村では、パロイコイと呼ばれる隷属農民を用いる、貴族の大所領が広がっていた。国家が土地と農民を軍人に与えるプロノイア制度が、ミカエル八世時代以降、世襲化されたことも大土地所有の発展をうながした。

中世末のギリシアの農業は、ヴェネツィアをはじめとするイタリア商人の交易活動と結びついていた。ヴェネツィアの直接支配下にあったクレタ島では、油・チーズ・綿・果物などが輸出向けに生産された。特産のブドウ酒はとくに有名で、遠くモルドヴァや南ポーランド、さらにフランドルやイングランドにも輸出されている。ビザンツ帝国、十字軍諸国家の支配下の地域でも、テッサリア地方の穀物、ペロポネソスのブドウ酒などが、ヴェネツィア・ジェノヴァ商人によって海外に販売された。エペイロスでもヴェネツィア商人、のちにはラグーサ(ドゥブロヴニク)商人が活発な交易を営み、都アルタは穀物・塩の集散地として栄えた。十三〜十五世紀のギリシアは小国家に分裂していたが、ヴェネツィアのドゥカット金貨がこの地域の国際通貨となったことにみられるように、イタリア商人が主導する地中海国際経済圏に組み込まれていたのである。

イタリア商人は、地中海の国際商業だけではなく、ギリシアの地域内交易も掌握した。ギリシアの諸都市にはイタリア商人の居住区がみられる。しかしながら、ギリシア人の商業活動がイタリア商人に圧倒されて消滅したわけではない。地中海国際経済圏に組み込まれることによって、ギリシアの商工業活動はむしろ拡大した。テーベの絹織物など都市の手工業も繁栄し、クレタ島の商業文書からも、ギリシア商人の活動が時代とともに活発になることがうかがえる。ギリシア人がオスマン帝国下で商業民族として活動する土台は、すでにこの時代に築かれていたのである。

諸国家・諸勢力の対立のなかで、ギリシアの各都市は特権の拡大をはかった。第四回十字軍に城門を開くときに、都市は自由と独立の保障をえている。ビザンツ帝国領に戻る際にも、都市はその特権の確認を条件としていた。一二四六年ヨハネス三世は、マケドニア地方を併合するに際して諸都市に特権を認めた。一二六一年にモネンバシアに与えられた特権、また一三一九年にヨハニナが獲得したアンドロニコス二世の特許状などは、この時期のギリシア都市の自由・自治特権を示すものである。

しかしながら、ギリシア都市の特権獲得は、西欧のような自治都市の成立にはつながらなかった。ギリシアの諸都市は、土地所有貴族と商工業市民の利害の対立をかかえており、自立した政治的主体とはならなかったのである。各都市における貴族と商工業市民の対立は、十四世紀なかばの内乱において表面化した。とくに、帝国第二の都市テッサロニキでは、熱心党《ゼーロータイ》と呼ばれる集団を中心に、市民たちが反貴族暴動を起こして独立政権を樹立した。テッサロニキの独立政権は、カンタクゼノスの率いる貴族勢力によって鎮圧されるまで、七年にわたって存続した。

末期のビザンツ帝国における主要な宗教問題は、国内的には神秘主義の流れを引く静寂主義(ヘシュカスム)であり、対外的には東西教会の合同問題であった。十四世紀にアトス山の修道士グレゴリオス・パラマスによって体系化されたヘシュカスムは、瞑想と修行を通じて神との合一を説く神秘主義的な修道運動である。神との直接的な合一を説くヘシュカスムは、異端の疑いをかけられつつも、一三四一年の教会会議において公認された。その直後から始まる内乱期にも、ヘシュカスムはカンタクゼノス派によって支持され、カンタクゼノスの失脚後もその地位を失うことはなかった。

一二〇四年の十字軍の征服後、コンスタンティノープルにはカトリックの総主教座がおかれ、形式的には東西教会の合同が実現された。しかしながら、ギリシア人は強く反発し、正教信仰を守りぬいた。ビザンツ帝国復活を掲げるニカイア帝国は、独自に総主教をおき、セルビア教会などもその権威を認めた。ラテン帝国は旧ビザンツ世界を政治的に統一できなかっただけではなく、宗教的にも統合できなかったのである。一二六一年のビザンツ帝国の再建以降、東西教会の合同は政治的問題として、ビザンツ帝国側から提起されるようになる。シャルル・ダンジューのコンスタンティノープル征服計画に対抗するためミカエル八世が踏み切った教会合同(一二七四年のリヨン公会議)、オスマン帝国にたいする西欧からの援軍を求めてなされた合同(一四三八〜三九年のフィレンツェ公会議)、いずれも帝国政府は政治的な思惑から合同に踏み切ったが、民衆のあいだでの激しい反対によって実効力はもたなかった。

パライオロゴス朝ルネサンス

一二〇四年のコンスタンティノープルの陥落時に多数の写本が焼かれ、ビザンツ帝国が受け継いできたギリシア古典文化の伝統は大きな打撃を受けた。この事件は、これまで「ローマ人」と自称してきたビザンツ人にギリシア意識を目覚めさせた。第二のローマ、コンスタンティノープルを失ったビザンツ人は、自らのアイデンティティを「ローマ帝国」からギリシア文化へと移し始めたのである。ビザンツ帝国最後の王朝、パライオロゴス王朝時代は政治的にはふるわなかったが、文芸や美術においてギリシア文化の復興を軸として優れた成果を残した。パライオロゴス朝ルネサンスと呼ばれる。

パライオロゴス朝ルネサンスは、まず十四世紀前半のコンスタンティノープルで展開された。アンドロニコス二世の学芸保護のもと、テオドロス・メトキテス、ニケフォロス・グレゴラスらの文人がギリシア古典の収集と研究に従事した。メトキテスが再建した首都のコーラ修道院は、大きな図書館を備え、学問活動の中心として栄えた。その弟子のグレゴラスも歴史学・天文学において大きな業績を残した。絵画においてもコーラ修道院のモザイク壁画は、平板的な描写に終始してきたビザンツ絵画の伝統を離れ、イタリア・ルネサンスの絵画を思わせるものがある。ルネサンスは地方都市にもおよんだ。テッサロニキの聖使徒教会はこの時期の代表的な建築物であり、そのモザイク壁画はコーラ修道院とならぶみごとなものである。しかしルネサンス運動は、十四世紀なかばの内乱によっていったん中断した。

十五世紀前半、パライオロゴス朝ルネサンスの舞台は、平和が続いたモレア（ペロポネソス半島）のミストラに移った。マザリスは物語『地獄行』の第一部をコンスタンティノープルで書いたのち、ミストラに移住して第二部を執筆し、専制公テオドロス二世に献呈した。哲学者ゲオルギオス・ゲミストス・プレトンも、一四一〇年ころミストラに移ってきた。彼を中心に文人のサークルが生まれ、ミストラはコンスタンティノープルにかわってビザンツ文化の中心となった。プレトンは「われわれは人種・文化においてギリシア人である」と述べ、ギリシア古典の根源を追求しようとした。一四三八〜三九年のフィレンツェ公会議に出席したおりにおこなったプラトン講義は大変な評判となった。彼はプラトン哲学に傾倒するあまり正統信仰から逸脱するような傾向さえ示し、最後の著作『法律』は彼の死後に禁書処分を受けた。

ミストラのパンタナッサ教会　ペロポネソス半島中央部，山間の町ミストラには宮殿・教会・修道院・図書館が建ちならび，ビザンツ文化最後の花が開いた。

ミストラでは教会・修道院・図書館も建てられた。帝国の衰退は高価なモザイクの制作を許さなくなっていたが、フレスコ画を中心にパライオロゴス朝絵画が花開いた。ヨハネス・フランゴプロスが一四二八年に再建したミストラのパンタナッサ教会のフレスコ壁画の色彩と構想は、バイロンによって「後期ビザンツ美術の花」と称えられたものである。

この時期には文化の裾野が広がり、俗語で書かれた作品も多くなった。恋愛や冒険をテーマとした物語が書かれ、歴史書としてもグレゴラス『歴史』などの古典語で書かれた伝統的な作品のほかに、ペロポネソスで編纂された『モレア年代記』や、エペイロスの歴史を記した『トッコ年代記』など、俗語で記されたものもみられるようになった。

『モレア年代記』はギリシア語版のほかに、フランス語、イタリア語、スペイン(アラゴン)語版が伝わっているように、パライオロゴス王朝時代には文化面においても、西欧との交流が深くなった。ビザンツ文化がイタリア・ルネサンスに影響を与えたことはよく知られているが、ビザンツ側にも西欧の文化を理解しようという動きがみられたのである。コーラ修道院で教えたこともある十三世紀後半のプラヌデスはキケロ、オヴィディウス、アウグスティヌス、ボエティウスなどをギリシア語に翻訳した。十四世紀の後半にはデメトリオス・キュドネスが、トマス・アクィナスのギリシア語訳をおこなっている。

ミストラ以外のギリシア地域では文化活動は低調であった。エペイロス専制公国の初期には、ヨハネス・アポカウコスやデメトリオス・コマティアノスらの活動がみられたが、彼らは陥落以前のコンスタンティノープルで教育を受けた人物であり、そのあとを継ぐ文化人・知識人は育たなかった。西欧人の支配地域でも、ヴェネツィア支配下のクレタ島を除くと、目立った活動はみられない。クレタ島はオスマン帝国に追われた文人たちを受け入れ、ギリシア語写本の作成の中心地となった。ビザンツ帝国滅亡時に、ギリシア文化の保存につとめた枢機卿ベッサリオンが写本収集をおこなったのも、この島であった。ギリシア古典文化がビザンツから西欧へと伝わるにあたって、クレタ島は中継地として重要な役割をはたしたのである。

鈴木 董《すずき ただし》
1947年生まれ。東京大学大学院法学政治学研究科博士課程修了，法学博士
東京大学名誉教授
主要著書：『オスマン帝国――イスラム世界の柔らかい専制』(講談社 1992)，『オスマン帝国の権力とエリート』(東京大学出版会 1993)，『イスラムの家からバベルの塔へ――オスマン帝国における諸民族の統合と共存』(リブロポート 1993)，『オスマン帝国の世界秩序と外交』(名古屋大学出版会 2023)

村田 奈々子《むらた ななこ》
1968年生まれ。東京大学大学院総合文化研究科博士課程単位取得退学
ニューヨーク大学大学院歴史学科博士課程終了，Ph.D.(History)
現在，東洋大学文学部教授
主要著書：『ギリシアを知る事典』(共著，東京堂書店 2001)，『ギリシア語のかたち』(白水社 2004)，『物語 近現代ギリシャの歴史』(中央公論新社 2012)，『学問としてのオリンピック』(共編，山川出版社 2016)

佐原 徹哉《さはら てつや》
1963年生まれ。東京大学大学院文学研究科博士課程中退，博士(文学)
現在，明治大学政治経済学部教授
主要著書：『近代バルカン都市社会史――多元主義空間における宗教とエスニシティ』(刀水書房 2003)，『ボスニア内戦』(有志舎 2008)，『中東民族問題の起源』(白水社 2014)，*War and Collapse: World War I and The Ottoman state* (共著，Utah U. P. 2016)，*1989 yılında Bulgaristan'dan Türk Zorunlu Göçünün 30. yılı* (共著，Trakya U. P. 2020)

■索　引

人名索引

●アーオ

●カ－コ

●サーソ

●タート

●ナーノ

●ハ―ホ

●マ－モ

●ヤーヨ

●ラーロ

事項索引

●アーオ

●マーモ

●ヤーヨ

■写真引用一覧

1……F. Durando, *Splendours of Ancient Greece*, London, 1997.
2……J. M. Roberts, *The Illustrated History of the World 2: Eastern Asia and Classical Greece*, Oxford, 2000.
3……J. M. Camp, *The Athenian Agora Excavations in the Heart of Classical Athens*, London, 1986.
4……H. Kalligas, *Byzantine Monemvasia. The Sources*, Monemvasia, 1990.
5……P. Lazarides, *The Monastery of Daphni*, Athens, no date.
6……H. W. Haussig, *A History of Byzantine Civilization*, London, 1971.

カバー——ユニフォトプレス提供
p.27——周藤芳幸提供
p.31上——周藤芳幸提供
p.31下——周藤芳幸提供
p.40——周藤芳幸提供
p.49——周藤芳幸提供
p.52——周藤芳幸提供
p.71——3, p.30
p.78——2, p.103
p.141——1, p.223
p.188——4, p.201
p.204上——5, pl.4
p.204下——5, pl.8
p.228——6, p.298

執筆者紹介(執筆順)

桜井 万里子《さくらい まりこ》
1943年生まれ。東京大学大学院人文科学研究科修士課程修了，博士(文学)
東京大学名誉教授
主要著書：『古代ギリシアの女たち』(中央公論社 1992)，『古代ギリシア社会史研究——宗教・女性・他者』(岩波書店 1996)，『ソクラテスの隣人たち(歴史のフロンティア)』(山川出版社 1997)，『古代ギリシア人の歴史』(刀水書房 近刊)

周藤 芳幸《すとう よしゆき》
1962年生まれ。東京大学大学院人文科学研究科博士課程修了，博士(文学)
現在，名古屋大学大学院人文学研究科教授
主要著書：『古代ギリシア 地中海への展開』(京都大学学術出版会 2006)，『ナイル世界のヘレニズム エジプトとギリシアの遭遇』(名古屋大学出版会 2014)，『古代地中海世界と文化的記憶』(編著，山川出版社 2022)

澤田 典子《さわだ のりこ》
1967年生まれ。東京大学大学院人文社会系研究科博士課程修了，博士(文学)
現在，千葉大学教育学部教授
主要著書：『アテネ 最期の輝き』(岩波書店 2008)，『アテネ民主政』(講談社 2010)，『アレクサンドロス大王』(山川出版社 2013)，『古代マケドニア王国史研究』(東京大学出版会 2022)

井上 浩一《いのうえ こういち》
1947年生まれ。京都大学大学院文学研究科博士課程単位取得退学
大阪市立大学名誉教授
主要著書：『生き残った帝国ビザンティン』(講談社 1990)，「ビザンツ皇妃列伝』(筑摩書房 1996)，『ビザンツとスラヴ(世界の歴史11)』(共著，中央公論社 1998)，『歴史学の慰め——アンナ・コムネナの生涯と作品』(白水社 2020)

『新版　世界各国史第十七　ギリシア史』
二〇〇五年三月　山川出版社刊

YAMAKAWA SELECTION

ギリシア史《し》　上

2024年 4 月15日　第 1 版 1 刷　印刷
2024年 4 月25日　第 1 版 1 刷　発行

編者　桜井万里子《さくらいまりこ》

発行者　野澤武史

発行所　株式会社山川出版社
〒101-0047 東京都千代田区内神田1-13-13
電話03(3293)8131(営業)8134(編集)
https://www.yamakawa.co.jp/

印刷所　株式会社太平印刷社

製本所　株式会社ブロケード
装幀　菊地信義＋水戸部功

ISBN978-4-634-42408-1
造本には十分注意いたしておりますが，万一，落丁・乱丁などが
ございましたら，小社営業部宛にお送りください。
送料小社負担にてお取り替えいたします。
定価はカバーに表示してあります。